Kleine Schritte für eine bessere Welt

Herausgegeben von **smarticular.net**
Das Ideenportal für ein einfaches und nachhaltiges Leben

Kleine Schritte für eine bessere Welt

Es ist okay, nicht perfekt zu sein:

250 Ideen, mit denen wir jeden Tag ein bisschen nachhaltiger leben können

Herausgegeben von **smarticular.net**
Das Ideenportal für ein einfaches und nachhaltiges Leben

Auch als **E-Book** erhältlich

Herausgeber: smarticular Verlag

ISBN: 978-3-946658-63-4

ISBN E-Book mobi: 978-3-946658-64-1

ISBN E-Book epub: 978-3-946658-65-8

smarticular Verlag ist ein Imprint der Business Hub Berlin UG (haftungsbeschränkt)

© 2021 Business Hub Berlin UG (haftungsbeschränkt), Berlin

smarticular® ist eine Marke der Business Hub Berlin UG (haftungsbeschränkt)

2104

Unserer Umwelt zuliebe wurde dieses Buch auf umweltfreundlichem Recyclingpapier gedruckt, ausgezeichnet mit dem FSC®-Zertifikat für Papier aus Recyclingmaterial, dem Blauen Engel (RAL-UZ 14/19487) und dem EU-Ecolabel.

Gedruckt in Deutschland von DRUCKZONE GmbH & Co. KG, Cottbus

Urheberrecht

Haftungsausschluss

Alle Rezepte und Tipps in diesem Buch wurden nach bestem Wissen erstellt. Für die Richtigkeit und Vollständigkeit der Rezepte, Anleitungen und Tipps kann jedoch keine Haftung übernommen werden. Des Weiteren wird keine Haftung übernommen für fehlerhafte Zubereitung und Anwendung, auch nicht für Gesundheitsschäden durch unsachgemäße Handhabung. Die Anwendungen und Rezepte in diesem Buch bieten keinen Ersatz für eine therapeutische oder medizinische Behandlung. Im Zweifelsfall sollte ein Arzt zu Rate gezogen werden.

Bildverzeichnis

Alle Bilder smarticular.net außer shutterstock.com: Africa Studio 49 / Aha-Soft 151 / AKlion 22 foto / Albina Gavrilovic 208 / Allexxandar 75 / Andrei Mayatnik 93 / Andrii Horulko 35 kala namak / Ann Ismagilova 173 / Anna.zabella 35 tomatenmark, 35 natron, 35 hefeflocken / Ann679 35 ei / Arcady 25 / asyraf minhad u1 raupe / Avelina 85 / Benvenuto Cellini 122 / biolalabet 110 / BlueberryPie Fußspuren / cesar iannarella 216, 217 / Christian Horz 143 / cruzonstudio u2 hintergrund, u3 weltkugel / davooda 167 / Djent 187 / Dmitry Nikolaev 127 / Dmitry Zimin 53 r / Dusan Petkovic 106 / Ekaterina43 155 / EKramar 154 / Elena Murr 30 sesam dip / eltoro69 22 icons / Ermak Oksana 35 leinsamen / filborg 189 / FotoFreshka 69 / Fox Design 82 / freie kreation 36 / Friends Stock 105 / Georgy Dzyura 50 / Gorynvd 168 / Grimplet 89 / HappyPictures 35 kürbispüree, 30 tofu / Hryshchyshen Serhii 111 / iLpO88 95 / irin-k u1 marienkäfer / jamesteohart 160 / Jess Clark Creative 200 / Jirawin Yiamyart 51 foto / josefkubes 123 / Juan Aunion 14 / judyjump 35 seidentofu / juras10 u1 wiese / Ken stocker 103 / KONGSTOCK 197 / kooanan007 214 / kornn 203 / kosmofish 101 / Kostenko Maxim 164 / KRIACHKO OLEKSII u1 schmetterling / Krumao u1 hintergrund / LOGVINYUK YULIIA 147 / lomiso 108 foto / loveallyson 118 / M-vector 108 eimer, 124 / Maceofoto 181 hintergrund / macondo 16 / maicasaa 182 / Marina Lohrbach 91 / Maulana Noriandita 43 / Maxx-Studio 190 / memoriesme.me 35 aquafaba / metamorworks 172 / Monthira 92 / monticello 37 r / Mopic u1 fußabdruck / Natalia Deriabina 27 r / neoncat 194 / New Africa 210 / NIKCOA 35 kurkuma / Nor Gal 67 / Oleandrina 99 / OLEG525 35 mehl / OlgaChernyak 35 haferflocken / OlgaKok 33 / pikselstock 195 / Pinkyone 58 / ppa 128 / ratong 126 / Raturu 104 / Rawpixel.com 18, 34 / RossHelen 71 / Roxana Jifcovici 181 strickware / S.O.E 96 / Sergey Ryzhov 181 sportwear / Set Line Vector Icon 157 / Shannon Marie Ferguson 177 / siam.pukkato 159 / Skylines 116 / Snoopy0107 u1 schmetterling - weiß / SofiaV 35 apfelmus / Steve Cordory 78 / StGrafix 86 / StockImageFactory.com 171 / Strawberry Mood 81 / Studio Empreinte 125 / T VECTOR ICONS 60 / Timolina 39 / Toltemara 35 chiasamen / triocean 76 / Try_my_best 138 / Tyler Olson 54 / Vadim Almiev 174 / Valeria Selezneva 45 / VanoVasaio 156 / VasylMartynenko 88 / Vector_Up 35 öl / VectorsMarket 30 kuchen / VELvector 51 schneeflocke / Venomous Vector 184 / VH-studio 37 l / Victoria Sergeeva 35 kichererbsen / vilax u1 gänseblümchen / viviamo 115 / Volha Shaukavets 30 käse, salami, joghurt, eier, soja-joghurt / VPales 94 / WinWin artlab 35 essig / YAKOBCHUK VIACHESLAV 211 / Yuliia Konakhovska 35 banane / zi3000 40

Inhalt

Einleitung

Biologisch erzeugt, fair gehandelt, tierleidfrei, aus der Region sowie plastikfrei und natürlich auch ohne andere fragwürdige Inhaltsstoffe – wer beginnt, seinen Konsum zu hinterfragen, stellt schnell fest, dass es gar nicht so einfach ist, allen Ansprüchen für einen nachhaltigen Lebensstil gerecht zu werden. Müssen wir jetzt wirklich alle Veganer werden, das Auto abschaffen und sämtliche Plastikgegenstände aus dem Haushalt verbannen?

Es ist okay, nicht perfekt zu sein

Die gute Nachricht ist: Nein, es geht auch anders. Selbst wenn es manche Mitmenschen besonders gut meinen und auf teils missionarische Weise versuchen, ihr gesamtes Umfeld vom „einzig wahren nachhaltigen Lebensstil" zu überzeugen, gibt es doch immer einen gesunden Mittelweg. Mit dem Ideenportal smarticular.net beweisen wir jeden Tag aufs Neue, dass auch viele kleine Schritte in Summe etwas Großartiges bewirken können.

Genauso verhält es sich mit diesem Buch: Niemand wird sämtliche darin enthaltenen Ideen sofort oder allein umsetzen können, und das ist auch nicht notwendig. Such dir einfach die Ideen heraus, die für dich gerade am besten passen, und beginne mit dem ersten Schritt, und sei er auch noch so klein.

Mit diesem Buch wollen wir unsere Überzeugungen mit dir teilen, die uns helfen, bei all den schlechten Nachrichten nicht den Mut zu verlieren. Denn es ist vollkommen okay, beim Streben nach einem umweltfreundlichen Leben nicht perfekt zu sein! Wenn viele Menschen ihr Leben mit kleinen Schritten ein bisschen nachhaltiger gestalten, ist weitaus mehr gewonnen, als wenn nur ganz wenige Menschen einen scheinbar perfekten Lebensstil verwirklichen würden.

👣 Kleine Schritte mit großer Wirkung

Die folgenden Grundprinzipien helfen, mehr Nachhaltigkeit in den Alltag zu integrieren, ohne sich selbst durch zu große Ziele zu überfordern und am Ende möglicherweise frustriert zu scheitern. Jede Reise beginnt mit dem ersten Schritt – solange man es wagt loszugehen!

Realistische Ziele statt Absolutismus

Vielleicht hast du schon einmal versucht, komplett vegan zu leben oder überhaupt keinen Müll mehr zu produzieren, und hast nach kurzer Zeit frustriert das Handtuch geworfen. Zwar würde es der Umwelt sicherlich guttun, wenn wir alle ab sofort kein Fleisch mehr essen, nie mehr Auto fahren oder fliegen und kein Plastik mehr verbrauchen würden. Kaum jemand ist aber in der Lage, sein Leben von jetzt auf gleich komplett umzukrempeln.

Das muss man auch gar nicht, denn auch von allem etwas weniger statt gar nichts ist gut für die Umwelt. Und vor allem: Kleine Schritte sind viel leichter umzusetzen (und zu vermitteln) als riesengroße.

Niemand kann allein die ganze Welt retten

In Zeiten der Globalisierung und der sozialen Medien erreichen uns ständig Nachrichten aus jedem Winkel der Erde, viele davon alles andere als rosig. Aber statt uns von gigantischen Müllteppichen in den Weltmeeren den Mut nehmen zu lassen, können wir uns auf unseren Alltag und die Lebensbereiche konzentrieren, in denen wir unmittelbar etwas bewirken.

Zum Beispiel mit einer Müllsammelaktion im eigenen Viertel, die auf das Problem aufmerksam macht und gleichzeitig für eine konkrete Verbesserung sorgt. Oder indem Alltagsgegenstände mit den Nachbarn geteilt werden (siehe S. 212), wodurch weniger Ressourcen verbraucht werden. Es gibt viele Möglichkeiten, die Welt im Kleinen ein bisschen besser zu machen. Habe den Mut, die oder der Erste zu sein, andere werden folgen.

Erfolge festhalten und sich daran erfreuen

Weißt du eigentlich, wie viele Einwegbecher du mit deinem Coffee-to-go-Mehrwegbecher schon gespart hast? Oder wie viel weniger CO_2 freigesetzt wird, wenn du deinen Urlaub an der Ostsee statt auf Mallorca verbringst?

Falls die Antwort „Nein" lautet, könntest du darüber nachdenken, die Erfolge deiner kleinen und größeren Lebensveränderungen festzuhalten. Wahrscheinlich wirst du überrascht sein, wie viel kleine Veränderungen auf Dauer bewirken. Und wenn dich die „Ist-doch-eh-alles-sinnlos-Stimmung" zu packen droht, zeigt dir ein Blick auf viele Tonnen eingespartes CO_2 oder auf die Müllberge, die durch dein Engagement gar nicht erst entstanden sind, was du schon geleistet hast und warum es sich lohnt, weiterzumachen.

Mit Gleichgesinnten gemeinsam die Welt verbessern

Manche Menschen stoßen in ihrer Familie oder im Freundeskreis auf wenig Verständnis für ihren neuen „Öko-Fimmel". Auch wenn man sich in der Gesellschaft umschaut, hat man gelegentlich den Eindruck, mit seinem Engagement ziemlich allein dazustehen. Das kann ganz schön frustrierend sein und dazu führen, dass man meint, ohnehin nichts bewirken zu können.

Glücklicherweise ist es in Zeiten des Internets viel leichter geworden, sich mit Menschen zusammenzutun, die die gleichen Werte vertreten und sich ebenso für eine bessere Welt einsetzen möchten wie du. Vielleicht wirst du in deiner Nachbarschaft fündig – direkt oder über eine Nachbarschaftsplattform. Oder du schließt dich einer lokalen Gruppe oder einem Verein an. In immer mehr Städten gibt es zum Beispiel Zero-Waste-Stammtische und Clean-up-Initiativen, bei denen man herzlich willkommen ist. Falls nicht, könntest du dazu beitragen, dass sie entstehen.

❦ Keine Zeit zum Selbermachen? – Diese Tipps helfen

Es gibt viele wunderbare Ideen, wie man Dinge selber machen kann, statt sie zu kaufen: schadstofffreie Putzmittel, Kosmetik ohne künstliche Zusatzstoffe und gesunde Lebensmittel selber machen, Obst und Gemüse im eigenen Garten anbauen, auf so viel Plastik wie möglich verzichten und mit dem Fahrrad statt dem Auto fahren. Doch bei der Fülle an Möglichkeiten fragt sich jeder irgendwann: Wann soll ich das alles machen, wer hat denn so viel Zeit?

Wer sich die Frage häufiger stellt, sei beruhigt. Denn erstens geht es den meisten anderen auch so, und zweitens gibt es einige Strategien, das vermeintliche Problem zu lösen. Die folgenden Tipps helfen, damit das Selbermachen nicht in Stress ausartet, sondern Freude, Selbstverwirklichung, Lust auf Neues oder auch pures Vergnügen bedeutet.

Mach nur die DIY-Projekte, die dir Spaß machen

Such dir von den vielen Dingen, die du machen könntest, am besten nur diejenigen aus, die dir Freude bereiten. Damit werden die selbst gestellten Aufgaben zur angenehmen Freizeitbeschäftigung statt zur zusätzlichen Bürde.

Wenn du gerne kochst und in der Küche experimentierst, gelingt es dir vielleicht mit dem Einkochen oder Einmachen von Obst und Gemüse aus regionalem Anbau oder sogar aus dem eigenen Garten, für mehr Nachhaltigkeit zu sorgen. Wenn du Lust auf selbst gemachte Kosmetik hast, weil man sich damit ein bisschen Wellness gönnen kann, dann ist das dein erfüllender Beitrag zu einer plastikärmeren Welt.

Etwas tun und etwas anderes sein lassen

Ein Tag hat nur 24 Stunden – die Kunst besteht darin, die vorhandene Zeit für Dinge zu nutzen, die dir wichtig sind. Frage dich nicht: „Wann soll ich das alles schaffen?", sondern frage zunächst: „Was kann ich sein lassen?"

Durchschnittlich verbringt jeder 3,5 Stunden täglich vor dem Fernseher.[1] Auch das Smartphone raubt uns viel Lebenszeit, wenn teilweise im Viertelstundentakt Statusupdates gelesen[2] werden. Wer sich dagegen darauf beschränkt, nur ein- oder zweimal am Tag auf dem Smartphone nach Neuigkeiten zu schauen, hat automatisch mehr Zeit für andere Dinge. Vermutlich ist der Nebeneffekt zudem mehr Gelassenheit, denn: „Was ich nicht weiß, macht mich nicht heiß."

Überflüssige Dinge sein zu lassen, bedeutet im Optimalfall nicht nur mehr Zeit, sondern bringt, für sich genommen, häufig schon mehr Lebensqualität. Wenn du dir beispielsweise vornimmst, nur noch jeden zweiten Tag zu kochen, ist das Ergebnis vielleicht, dass es häufiger gesunde Rohkostgerichte gibt. Auch im Garten ist gelegentliche Faulheit profitabel: Unerwünschte Beikräuter als Mulch auf den Beeten liegen zu lassen, statt sie „aufzuräumen", schützt die Erde vor dem Austrocknen und versorgt die Pflanzen mit zusätzlichen Nährstoffen.

---

1   Weidenbach, Bernhard (05.02.2021): Durchschnittliche tägliche Fernsehdauer in Deutschland in den Jahren 1997 bis 2020. Online verfügbar unter https://de.statista.com/statistik/daten/studie/118/umfrage/fernsehkonsum-entwicklung-der-sehdauer-seit-1997/ (abgerufen am 26.03.2021).
2   Deloitte GmbH Wirtschaftsprüfungsgesellschaft (Hrsg.) (2021): Im Smartphone-Rausch. Studie zur Smartphone Nutzung: Deutsche Mobilfunknutzer im Profil. Online verfügbar unter https://www2.deloitte.com/de/de/pages/technology-media-and-telecommunications/articles/smartphone-nutzung-2017.html (abgerufen am 26.03.2021).

Selbermachen spart manchmal sogar Zeit ein

Etwas für die Umwelt und Gesundheit zu tun, wird meist mit Mehrarbeit verbunden – das stimmt aber oft nicht. Unser Baukastenwaschmittel besteht beispielsweise nur aus Waschsoda, Kernseife und Sauerstoffbleiche, die individuell dosiert in die Waschmaschine gegeben werden. Es muss weder gemischt noch vorbereitet werden und macht gar keine zusätzliche Arbeit.

Eine Deocreme, die aus Kokosöl, Natron und Speisestärke besteht, lässt sich in einer Minute zusammenrühren. Wenn du die Zutaten bereits im Haus hast, geht die Herstellung sogar schneller, als in den Laden zu gehen, um ein Deo zu kaufen!

Eins nach dem anderen statt alles auf einmal

Mach dich nicht verrückt: Statt dich von der Flut der Möglichkeiten überwältigen zu lassen und alles auf einmal angehen zu wollen, ist es sinnvoller, dir ein Projekt nach dem anderen vorzunehmen. Wenn du in kleinen Schritten vorgehst, kannst du stolz auf das sein, was du heute geschafft hast, statt schon daran zu denken, was morgen alles noch besser gehen könnte.

Wenn du zum Beispiel viele Fertigprodukte in deiner Küche ersetzen möchtest, empfiehlt es sich, sich zunächst auf eines zu konzentrieren, das sich besonders einfach selber machen lässt. Wenn die selbst gemachte Alternative nun fest in deinem Alltag verankert ist, fällt es dir viel leichter, den nächsten Schritt zu gehen, weil du ein gutes Gefühl dabei hast.

Bevor es losgeht ...

Bevor du zur Tat schreitest, sollten wir noch etwas Erwartungsmanagement betreiben. Alle Rezepte und Anleitungen in diesem Buch wurden sorgfältig getestet, von Lesern ausprobiert und häufig mit wertvollen Rückmeldungen noch weiter verbessert. Dennoch ist jede Situation etwas anders und jeder Mensch unterschiedlich. Anders als bei Fertigprodukten wurden mit den selbst gemachten Hausmitteln und Alternativen keine aufwendigen Testreihen und Versuche mit allen erdenklichen Materialien und in den verschiedensten Situationen durchgeführt. Deshalb kann es passieren, dass ein Lösungsansatz einmal nicht sofort gelingen oder sogar partout nicht funktionieren will.

Falls du unsicher bist, besteht die Möglichkeit, dem Verweis auf smarticular.net unter dem jeweiligen Rezept zu folgen, die Kommentare auf der Website zu lesen oder deine eigene Frage zu stellen.

ⱱ Immer auf dem neuesten Stand

Jeden Tag lernen wir dazu, und genau das ist es, was uns motiviert, das Ideenportal smarticular.net und unsere Bücher immer weiter zu verbessern. Es liegt aber in der Natur eines gedruckten Buches, dass nicht alle Informationen immer auf dem neuesten Stand sind. Zudem ist ein einem Buch wie diesem viel zu wenig Platz, um sämtliche Möglichkeiten und Alternativen umfassend zu beschreiben. Deshalb empfehlen wir, dieses Buch mit den Vorteilen der Website zu kombinieren. Dies sind nur einige Möglichkeiten dafür:

- Auf der Webseite ⊕ *smarticular.net/kleineschritte* findest du aktuelle Informationen zu diesem Buch, kannst Anmerkungen, Lob oder Kritik hinterlassen, Fragen an uns stellen und wichtige Verbesserungen zu einzelnen Tipps nachlesen.

- Zu den einzelnen Rezepten in diesem Buch finden sich Verweise auf Onlinebeiträge, in denen du mehr aktuelle Informationen und hilfreiche Kommentare anderer Leser erhältst.

- Selbstverständlich freuen wir uns, wenn dich andere Themen auf smarticular.net interessieren. Damit du immer auf dem Laufenden bleibst, empfehlen wir dir, unseren Newsletter zu abonnieren und uns in den sozialen Netzwerken zu folgen.

Wir wünschen dir viel Spaß und Erfolg mit diesem Buch, den Ideen und Rezepten.

Das Team von smarticular.net

Einkaufen

Mehr Mehrweg statt Einweg

Bei immer mehr Haushaltsprodukten kann man zwischen Einweg- und Mehrwegprodukten wählen. Ob Bienenwachstücher statt Frischhaltefolie, Dauerbackfolie statt Backpapier (siehe S. 53) oder Brotbox anstelle von Butterbrottütchen – in der Regel sind die Mehrweg-Varianten genauso praktisch in der Handhabung, aber über Monate oder sogar Jahre nutzbar und damit erheblich umweltschonender als das Einweg-Pendant.

Einwegpfand und Mehrwegpfand unterscheiden

Leere Mehrwegflaschen aus Kunststoff und Flaschen mit Einwegpfand werden zwar über die gleichen Pfandautomaten zurückgegeben, je nach Flaschentyp unterscheidet sich der weitere Weg des Leerguts aber ganz erheblich. Während Mehrwegflaschen gesäubert und neu befüllt werden, landen Einwegflaschen im Recyclingsystem und werden im besten Fall zu neuen Kunststoffprodukten – oder sie enden in der Müllverbrennung. Dieser Ressourcen- und Energieverbrauch lässt sich mit Mehrwegverpackungen leicht vermeiden.

Mehrwegflaschen sind nicht einheitlich gekennzeichnet, doch für Einwegflaschen ist ein von der *Deutsche Pfandsystem GmbH (DPG)* vergebenes Einweg-Symbol vorgeschrieben. Wenn sich auf einem Flaschenetikett das nebenstehende Symbol befindet, kannst du sicher sein, dass es sich um eine Einwegflasche handelt, und schauen, ob es nicht vielleicht doch ein vergleichbares Produkt in einer Mehrwegflasche gibt.

MEHRWEG

Um nicht einfach nur aus Gewohnheit auf ein viele Jahre lang genutztes Einwegprodukt zurückzugreifen, prüfe am besten vor jeder Neuanschaffung, ob es davon nicht inzwischen eine ebenso zweckmäßige Mehrwegversion gibt.

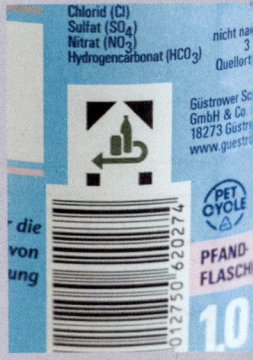

🐾 Virtuelles Wasser sparen

Durchschnittlich 120 Liter Wasser verbraucht jeder von uns täglich zum Trinken, für die Körperpflege und den Haushalt. Weitgehend unsichtbar ist dagegen der Verbrauch an virtuellem Wasser (circa 4000 Liter täglich pro Person[3]). Gemeint ist das Wasser, das aufgewendet wird, um Lebensmittel anzubauen und zu verarbeiten sowie unterschiedlichste Alltagsgegenstände und Kleidung herzustellen, und am Ende nicht mehr als Trinkwasser nutzbar ist.

Gerade dieses virtuelle Wasser lässt sich besonders effektiv einsparen – zum Beispiel durch eine minimalistische Garderobe (siehe S. 182), Secondhandkleidung (siehe S. 178), mit regionalen Lebensmitteln (siehe S. 16) oder einer überwiegend pflanzlichen Ernährung. Denn während für die Fleischproduktion mehrere Tausend Liter Wasser pro Kilo verbraucht werden, kommen die meisten Obst- und Gemüsesorten mit einem Bruchteil dieser Menge aus.

VIRTUELLES WASSER

Mehr zum Thema Virtuelles Wasser und dazu, was du tun kannst, um deinen Wasserfußabdruck zu verkleinern, erfährst du unter 🌐 *smarticular.net/ virtuelles-wasser* und 🌐 *waterfootprint.org*.

---

3 Rias, Ana (28.11.2019): Das „virtuelle Wasser" oder „versteckte Wasser". In: Planet-Wissen.de. Online verfügbar unter https://www.wissen.de/natur/umwelt/wasserversorgung_in_deutschland/pwiedasvirtuellewasseroderverstecktenwasser100.html (abgerufen am 23.03.2021).

Lebensmittel/ Gegenstand	Wasserverbrauch in Litern
Kakao (pro kg)	27 000
Kaffee (pro kg)	20 000
Rindfleisch (pro kg)	15 500
Schweinefleisch (pro kg)	6 000
Nüsse	5 000
Käse	5 000
Reis (pro kg)	3 500
Eier (pro kg)	3 300
Kokosnuss	2 500
Avocado	1 000
Banane	800
Äpfel	700
Erdbeeren	280
Kartoffeln	210
Tomaten	110
Auto	400 000
Computer	20 000
Jeans	11 000
Lederschuhe	8 000
Fahrrad	5 000
T-Shirt aus Baumwolle	2 400
1 Liter Benzin	50

Wasserverbrauch für verschiedene Lebensmittel und Alltagsgegenstände

❦ Regional und saisonal einkaufen

Natürlich braucht niemand auf Zitronen, Orangen und andere Südfrüchte zu verzichten, die hierzulande kaum oder gar nicht wachsen. Dennoch ist es aus ökologischen Gründen sinnvoll, öfter auf die vielfältigen, teils wenig bekannten Sorten einheimischen Obstes und Gemüses zurückzugreifen und deren Erntezeiten zu beachten.

Während man sich vor einigen Jahrzehnten noch auf die jeweilige Saison freute, werden die meisten Obst- und Gemüsesorten inzwischen ganzjährig angeboten. Lange Transportwege, den Pestizideinsatz und die Folgen des starken Wasserverbrauchs (siehe S. 14) in wasserarmen Regionen wie beispielsweise Südeuropa sieht man den Produkten nicht an.

Mit dem nötigen Wissen ausgestattet, ist es aber gar nicht so schwierig, regionale Lebensmittel nach Saison einzukaufen. Und auch wenn die Herkunft von Kartoffeln, Äpfeln, Tomaten & Co. nicht immer auf den ersten Blick erkennbar ist, findest du sie immer auf einem Schild an der Auslage oder im Kleingedruckten auf der Verpackung.

SAISONKALENDER

Mit unserem Saisonkalender für regionale und saisonale Lebensmittel siehst du Monat für Monat, welche lokalen Obst- und Gemüsesorten sowie Salate und Kräuter gerade frisch verfügbar sind:
🌐 *smarticular.net/ saisonkalender*

🌿 Bezugsquellen für regionale Lebensmittel

Regionale Produkte sind besonders frisch und gleichzeitig besser für die Umwelt, weil sie nur kurze Wege zurücklegen und deshalb für ihren Transport weniger Energie aufgewendet wird. Da Begriffe wie *regional* oder *aus der Region* nicht geschützt sind, empfiehlt es sich allerdings, genauer auf die Herkunftsangaben am Gemüseregal oder auf der Verpackung zu sehen.

Wer auf Nummer sicher gehen möchte, hat – auch dank des Internets – neben Straßenverkauf, Marktstand und Hofladen inzwischen zahlreiche Möglichkeiten, direkt beim Erzeuger einzukaufen, selber frisch zu ernten oder sich die Produkte nach Hause liefern zu lassen.

In vielen europäischen Ländern haben sich Menschen beispielsweise in sogenannten Marktschwärmereien (⊕ *marktschwaermer.de*) zusammengetan. Sie kaufen online bei verschiedenen Erzeugern ein und holen die Produkte an einer nahe gelegenen Sammel-Ausgabestelle ab. Auf diese Weise brauchen nur Waren transportiert zu werden, die bereits verkauft wurden. Und die Teilnehmer können im Onlineshop genau nachvollziehen, wie viele Kilometer die Produkte zurücklegen.

Etwas anders organisiert sich die Solidarische Landwirtschaft (⊕ *solidarische-landwirtschaft.org*). Kunden und Bauern schließen sich zu einer Solidargemeinschaft zusammen. Was auf einem Solawi-Hof erzeugt wird, wird über das Jahr an die Unterstützer verteilt. Umgekehrt tragen diese einen festen Betrag zu den betriebswirtschaftlichen Kosten des Hofes bei. Auf diese Weise verteilen sich auch die Risiken durch Ernteausfälle usw. für die meist kleinen Höfe auf viele Schultern.

Kisten mit saisonalem Bioobst und -gemüse direkt nach Hause gibt es beispielsweise bei der *Märkischen Kiste* (⊕ *maerkischekiste.de*) für Berlin und das Berliner Umland. Die *Bauerntüte* (⊕ *bauerntuete.de*) liefert bevorzugt in Nordrhein-Westfalen und darüber hinaus per gekühltem DHL-Paket.

Ein interessantes Konzept verfolgt auch der Mitmachbetrieb ⊕ *mitmachgartenbau.de* in Hamburg. Gemüse, Obst und Kräuter können dort während der Erntesaison zwischen Mai und September selbst geerntet werden.

Vielleicht gibt es eines der Modelle oder eine andere Möglichkeit, unmittelbar beim Erzeuger zu kaufen, auch in deiner Region, und du kannst in Zukunft vermehrt auf regionale Lebensmittel zurückgreifen.

🦶 Lebensmittel aus ökologischem Anbau

ÖKOLOGISCHER ANBAU

Nicht jeder Betrieb, der nach nachhaltigen Kriterien wirtschaftet, entscheidet sich auch für eine aufwe ndige Biozertifizierung. Wer direkt beim Erzeuger kauft, kann sich beispielsweise durch Gespräche oder bei Hoffesten ein eigenes Bild von den Anbaubedingungen machen.

Wenn du Lebensmittel, die nach den Prinzipien des ökologischen Landbaus erzeugt werden, auf deine Speisekarte setzt, belastet das die Umwelt deutlich weniger, u. a. deshalb, weil sie seltener mit Pestizidrückständen belastet sind als Produkte aus konventionellem Anbau. Seit 2012 müssen in der Europäischen Union erzeugte Bioprodukte mit dem einheitlichen EU-Biologo gekennzeichnet sein. Darüber hinaus sind viele Waren auch weiterhin mit nationalen Siegeln von Bioverbänden wie ⊕ *demeter.de*, ⊕ *bioland.de* oder ⊕ *naturland.de* versehen, auf die du beim Einkauf achten kannst.

Während das EU-Biosiegel lediglich Mindeststandards setzt, legen die Bioverbände deutlich strengere Kriterien für ihre Mitglieder fest und erlauben beispielsweise weniger Tiere pro Fläche sowie erheblich weniger Lebensmittelzusatzstoffe. Details findest du auf unserer Website (⊕ *smarticular.net/bio-siegel*) und auf den Seiten der einzelnen Verbände.

❦ Hemdchenbeutel durch Mehrweg-Netz ersetzen

Ein Einwegprodukt, das besonders kurz genutzt und dann weggeworfen wird, sind sogenannte Hemdchenbeutel. Der Verbrauch der dünnwandigen Tütchen, die man vor allem in der Obst- und Gemüseabteilung findet, geht zwar stetig zurück, lag aber allein in Deutschland im Jahr 2018 bei erstaunlichen drei Milliarden Stück.[4]

Ersetzen lassen sich die Beutel ganz einfach durch kleine Mehrweg-Stoffbeutel oder -Netze, die inzwischen auch in vielen Supermärkten erhältlich sind. Noch ressourcenschonender wird der Obst- und Gemüsetransport mit selbst gemachten Beuteln als alten Stoffen – zum Beispiel aus einer ausgedienten Gardine. Eine Anleitung zum Selbernähen findest du hier:

⊕ *smarticular.net/obstbeutel*

❦ Brot und Brötchen im Mehrwegbeutel transportieren

Wenn für die Sonntagsbrötchen vom Bäcker ein Baumwoll- oder Leinenbeutel wiederverwendet wird, ist schon einiges getan. Denn wer jedes Mal eine Papiertüte benutzt, bei dem kommt mit der Zeit einiges zusammen. Vor allem Tüten aus Frischfasern, die nur kurz genutzt und dann weggeworfen werden, sind wenig nachhaltig. Ein wiederverwendbarer Stoffbeutel bringt das Frühstücksgebäck ebenso sicher nach Hause, und es gelingt dir damit ganz nebenbei, Ressourcen und Energie einzusparen.

---

4   Deutschlandradio (Hrsg.) (06.06.2019): Das Problem mit den „Hemdchenbeuteln". Katrin Hinz im Gespräch mit Stephan Karkowsky. Online verfügbar unter https://www.deutschlandfunkkultur.de/plastikmuell-das-problem-mit-den-hemdchenbeuteln.1008.de.html?dram:article_id=450676 (abgerufen am 23.03.2021).

EINKAUFSBEUTEL AUS T-SHIRT

Statt neue Beutel zu kaufen, lassen sich alte T-Shirts ganz einfach zu einem praktischen Beutel upcyceln, sogar ganz ohne Nähen:
🌐 *smarticular.net/ t-shirt-beutel*

👣 Einkaufstasche verwenden

Ähnliches gilt für den Einkauf im Supermarkt, wo die ab 2022 weitestgehend verbotenen Plastikbeutel unter anderem durch Einweg-Papiertüten ersetzt werden. Sie sind zwar biologisch abbaubar und damit schon einmal ein Schritt in die richtige Richtung. Noch nachhaltiger wird es, wenn du wiederverwendbare Einkaufstaschen verwendest, denn dann lassen sich Energie- und Ressourcenverbrauch für die Papiertüten ebenfalls reduzieren.

Die weitverbreiteten Baumwoll-Einkaufsbeutel bieten allerdings erst dann einen ökologischen Vorteil, wenn sie zwischen 20- und 100-mal verwendet werden und aus Biobaumwolle bestehen, erkennbar beispielsweise an einem GOTS-Siegel (siehe S. 180).

👣 Verpackung einsparen

Nicht bei allen, aber bei vielen Dingen und Lebensmitteln haben wir die Wahl und können uns für weniger aufwendig verpackte Alternativen entscheiden. Denn Mehrfachverpackungen – von zum Beispiel einzeln verpackten Keksen oder vorportioniertem Müsli – dienen meist nur der attraktiven Präsentation eines Produkts, sind, davon abgesehen, aber nicht unbedingt notwendig. Auf sie kannst du leicht verzichten und lieber auf Großpackungen ausweichen.

❦ Verpackungen vermeiden

Die Frage, welches Verpackungsmaterial am umweltfreundlichsten ist, lässt sich gar nicht so einfach beantworten. Denn während das Ausgangsmaterial Glas beispielsweise eine bessere Ökobilanz hat als Kunststoffe auf Erdölbasis, verbrauchen Einweggläser durch ihr hohes Eigengewicht beim Transport deutlich mehr Energie als leichte Plastikverpackungen oder Getränkekartons. Bei Kunststoffverpackungen machen Verbundstoffe sowie ökologisch und gesundheitlich bedenkliche Zusätze die Einordnung noch komplizierter.

Unabhängig vom konkreten Material empfiehlt es sich, dort, wo es möglich ist, auf Verpackungen zu verzichten, und da, wo es nicht anders geht, diejenigen Verpackungen zu bevorzugen, die mehrmals verwendet oder recycelt werden können. Es empfiehlt sich, sich im Alltag an folgender Rangfolge für Verpackungen zu orientieren:

1. Verpackungsfrei
2. Mehrwegverpackung
3. Verpackung aus Recycling-Material
4. Recycelbare Verpackung
5. Nicht recycelbare Verpackung

Acrylonitrile
butadiene styrene

Polypropylene

Bisphenol A
and others

Polystyrene

Polyethylene
terephthalate

Polyethylene
(high density)

Polyvinyl
chloride

Polyethylene
(low density)

♥ Kunststoffverpackungen vermeiden

So praktisch Kunststoffverpackungen auch sein mögen, gibt es damit ein Problem: Während Altpapier und Altglas zu einem hohen Prozentsatz wiederverwertet werden, werden Kunststoffabfälle zu einem weitaus geringeren Teil recycelt. Zwar lässt sich die (theoretische) Recyclingfähigkeit einer Plastikverpackung am aufgedruckten Recycling-Code ablesen. In der Praxis erschweren aber Verbundmaterialien wie beispielsweise beim Tetra Pak, Verschmutzungen sowie Fehler bei der Mülltrennung (siehe S. 105) die erneute Verwertung der Abfallstoffe.

Und weil auch Abfälle, die aussortiert und thermisch verwertet (verbrannt) oder in ferne Länder exportiert wurden, dem Recycling zugerechnet werden, erweisen sich offizielle Recycling-Quoten nicht selten als deutlich überhöht. Die umweltfreundlichste Plastikverpackung ist deshalb immer noch die, die gar nicht erst hergestellt und verwertet werden muss, und es lohnt sich, Kunststoffverpackungen dort, wo es geht, zu vermeiden.

❡ Recycling-Plastik, Meeresplastik & Co.

Immer mehr Hersteller werben damit, recyceltes Plastik oder wiederaufbereitetes Meeresplastik für ihre Produkte zu verwenden. Das ist zwar zunächst einmal sinnvoller, als neuen Kunststoff aus Erdöl herzustellen und zu verarbeiten, verschiebt das Grundproblem aber nur um einen weiteren Produktzyklus. Denn Kleidung, Schuhe und Rucksäcke aus Recycling-Kunststoff sind in der Regel selbst nicht recycelbar.[5]

Zudem ist die Gewinnung und Aufbereitung von Meeresplastik besonders aufwendig, und es ist noch wenig erforscht, inwieweit sich während des Aufenthalts im Wasser abgelagerte, gesundheitlich bedenkliche Schadstoffe in den daraus hergestellten Produkten befinden. Die Bergung von Plastik aus dem Meer und dessen Recycling taugen deshalb vor allem als öffentlichkeitswirksames Mittel, um auf das zunehmende Problem aufmerksam zu machen. Eine Lösung für die Plastikflut sind sie aber nicht.

Statt auf solche zwar medienwirksamen, aber verglichen mit konventionellem Plastik nicht unbedingt wesentlich besseren Materialien zurückzugreifen, lohnt es sich zu prüfen, ob sich das Material nicht gleich durch eine geeignete Alternative vollständig umgehen lässt.

❡ Langlebiges Plastik bevorzugen

Kunststoffe begegnen uns auf Schritt und Tritt im Alltag – sie wirken einfach und kostengünstig herstellbar. Trotzdem haben sie einen schlechten Ruf – wahrscheinlich zu Recht, wenn man sich in den Weltmeeren schwimmende Plastikinseln und vermüllte Strände ins Gedächtnis ruft oder wenn man bedenkt, dass eine Plastikflasche bis zu 450 Jahre braucht, bis sie in der freien Natur vollständig abgebaut ist.

Dennoch ist es sinnvoll, schnelllebiges Plastik wie Einwegverpackungen von langlebigen Kunststoffprodukten

EIGENSCHAFTEN VON KUNSTSTOFFEN

Mehr zu verschiedenen Kunststoffen, deren Eigenschaften, Risiken und Recyclingfähigkeit findest du hier: ⊕ *smarticular.net/ plastik-erkennen*

PLASTIKTAGEBUCH

Unser Plastiktagebuch und die Plastikmatrix helfen, die Übersicht in der Plastikflut zu behalten und zwischen vertretbaren und verzichtbaren Kunststoffen zu unterscheiden. ⊕ *smarticular.net/ plastiktagebuch*

---

5   taz Verlags u. Vertriebs GmbH (Hrsg.) (24.11.2019): Der Fake mit „Ocean-Plastic". Online verfügbar unter https://taz.de/Mode-aus-Recycling-Plastik/!5640421/ (abgerufen am 23.03.2021).

wie beispielsweise dem Gehäuse des Staubsaugers zu unterscheiden. Denn je länger ein Gegenstand aus Plastik in Gebrauch ist, desto höher ist auch sein Nutzwert im Verhältnis zur Umweltauswirkung, etwa bei einem Lichtschalter, der Stromkabel-Isolierung oder der Waschmaschine, die während mehrerer Jahre oder sogar Jahrzehnte schadlos ihren Zweck erfüllen.

🌱 Nur kaufen, was du wirklich brauchst

Wenn für dich Einkaufen eher ein notwendiges Übel als eine Freizeitbeschäftigung ist, überspringe diesen Abschnitt getrost. Wer dagegen gern shoppt, bringt wahrscheinlich eher den einen oder anderen Fehlkauf mit nach Hause. Mit einer kleinen Strategie lassen sich unnötige Käufe leicht vermeiden.

Stelle dir deshalb am besten vor jeder Anschaffung folgende Fragen:

1. Brauche ich das wirklich?

2. Kann ich das aus zweiter Hand bekommen?

3. Falls die Antwort auf die zweite Frage „Nein" lautet: Welche Neuware ist besonders nachhaltig?

Die dritte Frage zu beantworten, ist meistens etwas komplizierter. Eine regionale Herkunft (siehe S. 16), biologisch abbaubare Materialien und eine lange Lebensdauer sprechen beispielsweise für die Nachhaltigkeit eines Produkts. Vertrauenswürdige Siegel für Lebensmittel (siehe S. 18) oder auch Kleidung (siehe S. 180) erleichtern die Beurteilung.

Pyramide des nachhaltigen Konsums

🐾 Onlineshopping – so wird es grüner

Bequem von zu Hause einzukaufen, spart Zeit und Fahrtwege. Auf der anderen Seite belasten Versandverpackungen, Expresszustellungen und Retouren die Umwelt. Deshalb setzen immer mehr Onlineshops auf einen möglichst nachhaltigen Versand, und einige versenden komplett plastikfrei.

Wenn du gelegentlich bei einem Onlinehändler einkaufst, schau dir doch mal die Website genauer an oder frage nach, inwieweit auf eine umweltfreundliche Verpackung und einen klimaneutralen Versand geachtet wird, bzw. teile mit, dass du darauf Wert legst. Viele grüne Onlineshops für Lebensmittel, Kosmetik und andere Alltagsprodukte findest du auch auf unserer Website:

🌐 *smarticular.net/online-einkaufen*

🐾 Beim Onlineeinkauf Retouren vermeiden

Kleidung und Schuhe vor Ort statt online zu kaufen, wo man sie direkt anprobieren kann, ist nicht nur für einen selbst mit weniger Aufwand verbunden, sondern aufgrund eingesparter Retouren auch deutlich umweltfreundlicher. Bei Kleidung und Schuhen, die im Onlinehandel gekauft werden, gehen bis zur Hälfte der Bestellungen als Retouren wieder zurück an den Absender – ein aufwendiger, aber vor allem leicht vermeidbarer Schritt. Denn damit die Waren wieder verkauft werden können, werden sie zunächst an einen Dienstleister für die Wiederaufbereitung gesandt, bevor sie erneut im Sortiment landen. Auch sonst lohnt es sich, vorab genau zu überlegen, was man wirklich braucht, und auf Impulskäufe und Bestellungen zur Ansicht zu verzichten.

❦ Zutaten- und Inhaltsstofflisten lesen

Wer wissen möchte, ob ein Produkt gesundheitlich und ökologisch bedenkliche Zutaten enthält, findet die entsprechenden Informationen in der Regel nur im Kleingedruckten. Um sicherzugehen, dass ein Kosmetikprodukt oder ein Reinigungsmittel unbedenklich ist, empfiehlt es sich deshalb, die Zutatenliste zu überprüfen. Die Apps *Tox-Fox* und *Codecheck* helfen außerdem, problematische Stoffe zu identifizieren.

> **INGREDIENTS:** AQUA, SODIUM LAURETH SULFATE, COCAMIDOPROPYL BETAINE, SODIUM CHLORIDE, COCO-GLUCOSIDE, GLYCERYL OLEATE, GLYCERIN, LAC POWDER, PRUNUS AMYGDALUS DULCIS OIL, CITRIC ACID, STYRENE/ACRYLATES COPOLYMER, DISODIUM EDTA, TOCOPHEROL, HYDROGENATED PALM GLYCERIDES CITRATE, PARFUM, LINALOOL, HEXYL CINNAMAL, COUMARIN, LIMONENE, METHYL BENZOATE, SODIUM BENZOATE.

❦ Siegel kennen

Vertrauenswürdige Siegel für Lebensmittel (siehe S. 18), Kleidung (siehe S. 180), Kosmetik (siehe S. 70) und andere Alltagsgegenstände (zum Beispiel *Blauer Engel, NCP, Cradle-to-Cradle*) erleichtern es, sich bei Neuanschaffungen zu orientieren. Sie sind zwar nicht immer eine Garantie für höchste Standards, können im Alltag die Entscheidung aber abkürzen, wenn es um detaillierte Fragen geht wie etwa darum, welche Zutaten enthalten sind, unter welchen Bedingungen etwas hergestellt oder angebaut wurde und ob ein Produkt negative Auswirkungen auf die Umwelt hat.

❦ Unverpackt-Läden

Unverpackt-Läden gibt es inzwischen in jeder größeren Stadt, und jedes Jahr kommen zahlreiche Neugründungen hinzu. Sie machen es besonders leicht, ohne Einwegverpackungen (insbesondere aus Kunststoff) einzukaufen. Denn wer hier einkauft, bringt die wiederverwendbare Verpackung im Idealfall von zu Hause mit oder erhält sie im Laden, um sie beim nächsten Mal wieder dabeizuhaben.

Je nach Produkt können das Einkaufsnetze, Stoffbeutel, Gemüsenetze, Schraubgläser oder auch Plastikdosen und Papierbeutel sein. Ihr Eigengewicht wird einfach vor dem Einkauf notiert und beim Bezahlen abgezogen. Das spart nicht nur Einwegverpackungen, sondern ermöglicht auch, exakt die Mengen einzukaufen, die benötigt werden.

Eine wachsende Zahl mobiler Unverpackt-Läden kommt zu ihren Kunden auf Wochenmärkte oder direkt nach Hause.

⊕ *smarticular.net/mobil-unverpackt*

Welche Unverpackt-Läden es in deiner Nähe gibt, erfährst du auf der Zero Waste Map (⊕ *zerowastemap.org*), wo auch zahlreiche andere umweltfreundliche Projekte und Initiativen zu finden sind.

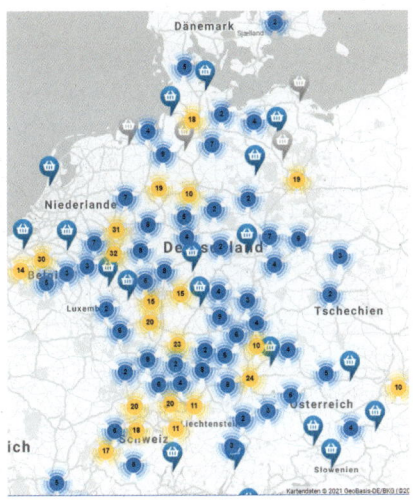

❦ Unverpackt einkaufen auch ohne Unverpackt-Laden

Auch wenn es in deiner Umgebung keinen Unverpackt-Laden gibt, hast du selbst beim Einkauf im klassischen Supermarkt zahlreiche Möglichkeiten, Verpackungsmüll zu reduzieren:

- Plane deine Einkäufe und vermeide Spontankäufe. Dann fällt es leichter, vorzusorgen und kurzlebige Verpackungen wie Plastiktüten zu vermeiden.

- Nimm am besten Mehrwegbeutel (siehe S. 19) mit oder verstaue einen Beutel in deinem täglich genutzten Rucksack oder in deiner Tasche, um auch für spontane Einkäufe gerüstet zu sein.

- Kaufe Wurst und Käse an der Frischetheke statt abgepackt aus dem Kühlregal, denn so entsteht erheblich weniger Müll. Immer mehr Supermärkte erlauben es, lose Waren in selbst mitgebrachte Behälter abzufüllen.

- Gib losem Obst und Gemüse den Vorzug. Die Natur hat die meisten Früchte bereits mit einer stabilen Hülle ausgestattet, sodass sie ohne Verpackung im Korb oder Beutel transportiert werden können.

- Bevorzuge, wenn möglich, Mehrweg- gegenüber Einwegverpackungen. Bei fast allen Getränken stehen Mehrweg-Alternativen zur Verfügung (siehe S. 13). Auch Milch, Joghurt und Sahne gibt es in vielen Supermärkten in Pfandflaschen und -gläsern.

- Wähle Waren in Karton und Glas anstelle von Produkten in Plastikverpackung oder *Tetra Paks*. Insbesondere Verbundverpackungen lassen sich nur schwer recyceln und landen deshalb nach wie vor zum überwiegenden Teil in den Müllverbrennungsanlagen (siehe S. 22).

- Lege dir einen Brotbeutel zu und benutze ihn für jeden Einkauf beim Bäcker (siehe S. 19).

Einkäufe auf dem Wochenmarkt, direkt beim Erzeuger in einer Marktschwärmerei (siehe S. 17) oder in einem nachhaltigen Onlineshop (siehe S. 25) helfen ebenfalls, unnötigen Verpackungsmüll zu vermeiden.

Ernährung

❦ Essens- und Einkaufsplan nutzen

Wer sich vorab überlegt, was gekocht wird und welche Lebensmittel dafür notwendig sind, vermeidet Spontankäufe und kann leicht verderbliche Produkte so einplanen, dass sie innerhalb der nächsten Tage auch wirklich verbraucht werden. Ein Essens- und Einkaufsplan (zum Beispiel für den Zeitraum von einer Woche) spart Lebensmittelabfälle ein und schont darüber hinaus die Haushaltskasse.

ESSENSPLANER

Ein dekorativer Essensplaner für die Küchenwand lässt sich leicht selber basteln und sorgt mit Kategorien und wiederkehrenden Gerichten für Abwechslung auf dem Teller.
⊕ *smarticular.net/ essensplan-basteln*

❦ Kaffee ohne Kapsel

Wer die Ressourcen einer zwar sehr bequemen, aber auch abfallintensiven Kaffeekapselmaschine gern einsparen möchte, findet mittlerweile zahlreiche Anbieter von Mehrwegkapseln für alle gängigen Kapselmaschinen, die ganz einfach mit dem eigenen Lieblingskaffee bestückt werden können.

Die gute alte French Press, eine Espressokanne für den Herd oder ein wiederverwendbarer Kaffeefilter für Liebhaber des klassischen Kaffeegenusses kommen als nahezu müllfreie Alternative ebenfalls infrage.

KAFFEESATZ

Egal, wie du deinen Kaffee am liebsten genießt – wirf den Kaffeesatz nicht weg! Denn der vermeintliche Abfall enthält noch zahlreiche wertvolle Inhaltsstoffe, von denen sowohl deine Haut als auch deine Garten- und Balkonpflanzen profitieren können (siehe S. 92).

⚘ MHD wörtlich nehmen

Nicht selten wird das Mindesthaltbarkeitsdatum (MHD) wie ein Verfallsdatum interpretiert, an dem ein Lebensmittel am besten sofort weggeworfen wird. Was ursprünglich als Herstellergarantie gedacht war und eine sinnvolle Orientierung darüber vermitteln soll, wie lange ein Lebensmittel in jedem Fall genießbar ist, führt so häufig dazu, dass noch genießbare Produkte schon am nächsten Tag im Müll landen.

Dabei schont eine Rückbesinnung auf den in MHD enthaltenen Wortbestandteil „Mindest-" Umwelt und Geldbeutel gleichermaßen. In den meisten Fällen reicht es schon aus, sich auf die eigenen Sinne zu verlassen und sich nicht nur am Aufdruck auf der Verpackung, sondern auch an Aussehen, Geruch und Geschmack zu orientieren. Besonders leicht verderbliche Lebensmittel wie rohes Fleisch und vorgeschnittener Salat sind dagegen mit einem Verbrauchsdatum gekennzeichnet und dürfen nach dessen Ablauf gar nicht mehr verkauft werden. Sie sollten auch zu Hause möglichst bis zum genannten Datum verzehrt werden.

Anders verhält es sich mit zahlreichen Milchprodukten, Konserven und anderen haltbaren Lebensmitteln, die oft noch viele Monate nach Ablauf des Mindesthaltbarkeitsdatums tadellos und bedenkenlos zum Verzehr geeignet sind (siehe unten stehende Grafik).

⊕ *smarticular.net/mhd*

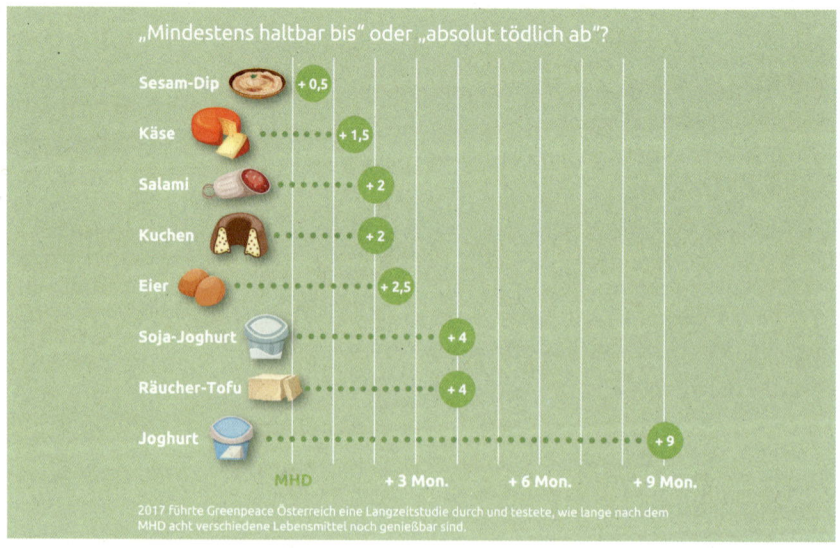

„Mindestens haltbar bis" oder „absolut tödlich ab"?

Sesam-Dip	+ 0,5
Käse	+ 1,5
Salami	+ 2
Kuchen	+ 2
Eier	+ 2,5
Soja-Joghurt	+ 4
Räucher-Tofu	+ 4
Joghurt	+ 9

MHD · + 3 Mon. · + 6 Mon. · + 9 Mon.

2017 führte Greenpeace Österreich eine Langzeitstudie durch und testete, wie lange nach dem MHD acht verschiedene Lebensmittel noch genießbar sind.

Leitungswasser ersetzt Flaschenwasser

Ein Umstieg von Mineralwasser auf Leitungswasser spart Ressourcen[6] und erleichtert das Leben. Denn neben den teilweise weiten Transportwegen, die das Flaschenwasser von der Produktionsstätte zu den Läden zurücklegen muss, fällt für die Verbraucher auch das Kistenschleppen weg.

Zwar hat Leitungswasser in Deutschland durchgängig eine hohe Qualität. Wer sich jedoch an einem hohen Kalkgehalt stört, kann diesen mit einem Filter leicht reduzieren. Wassersprudler mit wiederbefüllbaren Gaskartuschen verwandeln Leitungswasser darüber hinaus auf Wunsch in spritziges Mineralwasser.

Regionale Pflanzenmilch

Wer gern pflanzliche Milchalternativen trinkt, ist weder auf exotische Zutaten noch auf lange Transportwege angewiesen, denn viele Pflanzendrinks bestehen aus regional angebautem Getreide wie beispielsweise Hafer, Dinkel oder in Deutschland angebauten Sojabohnen. Dank der regionalen Zutaten sind sie nachhaltiger als Drinks aus importierten Zutaten wie Mandeln oder Reis.

Bei Kuhmilch findet man in traditionell hergestellter Bioheumilch eine Alternative, bei deren Produktion auf Importtierfutter wie Sojaschrot aus Südamerika verzichtet wird und bei der die Kühe die meiste Zeit des Jahres auf der Weide verbringen.

LEITUNGSWASSER

Wenn du auf Mineralwasser nicht verzichten möchtest, wähle am besten ein Produkt, das in deiner Region abgefüllt wurde. Auch so lässt sich schon viel Energie für den Transport sparen.

PFLANZENMILCH

Einige Anbieter wie der Biogetränke-Hersteller *Voelkel* (⊕ *voelkeljuice.de*), *Havelmi**** (⊕ *havelmi.org*) und *Kornwerk* (⊕ *kornwerk.com*) füllen ihre Pflanzenmilch in Pfandflaschen anstelle von Tetra Paks ab, wodurch große Mengen Verpackungsmüll vermieden werden.

---

6   Umweltbundesamt (Hrsg.) (02.11.2020): Trinkwasser. Online verfügbar unter https://www.umweltbundesamt.de/umwelttipps-fuer-den-alltag/essen-trinken/trinkwasser (abgerufen am 24.03.2021).

❦ Palmöl reduzieren

Als preisgünstiges und leicht zu verarbeitendes Pflanzenfett ist Palmöl inzwischen in so vielen Lebensmitteln enthalten, dass es sich kaum komplett vermeiden lässt. Da die Ölpalme, aus der der verbreitete Rohstoff gewonnen wird, nur im tropischen Klima gedeiht, trägt ihr Anbau in großen Monokulturen jedoch in vielen Fällen zur Vernichtung des Regenwaldes bei. Hinzu kommt, dass hochgradig verarbeitetes Palmöl, wie es in den meisten Produkten enthalten ist, gesundheitlich problematische Stoffe enthält.

Deshalb lohnt es sich, genauer zu prüfen, wo überall Palmöl drinsteckt, ggf. auf Biopalmöl aus nachhaltigem Anbau zu achten und sich nach Möglichkeit für palmölfreie Alternativen zu entscheiden. Wenn in der Küche vor allem unverarbeitete Lebensmittel verwendet werden und frisch gekocht wird, ist es besonders leicht, Palmöl zu vermeiden, denn es versteckt sich insbesondere in Fertigprodukten.

❦ Tee ohne Plastik

Ob ein Teebeutel kompostierbar ist oder nicht, verrät das Kleingedruckte auf der Verpackung. Denn obwohl Teebeutel meist aussehen, als bestünden sie aus Papier, enthalten sie nicht selten ein Material, dem zur Stabilisierung Kunststofffasern hinzugefügt wurden und das nicht biologisch abbaubar ist.

Auf Tee ohne oder zumindest mit weniger Plastik lässt sich noch leichter mit losem Tee zurückgreifen. Um ihn portionsweise aufzubrühen, stehen vom klassischen Tee-Ei bis zum Teenetz aus Naturfasern zahlreiche Mehrweg-Alternativen zur Verfügung.

TEEKRÄUTER ANBAUEN

Wer seinen Tee ganz ohne Müll und Plastik genießen möchte, kann viele Teekräuter ganz einfach auf dem Balkon oder dem Fensterbrett selber anbauen.
⊕ *smarticular.net/ kraeutertee-fensterbank*

Darüber hinaus eignen sich auch zahlreiche Wildpflanzen, um aromatischen und gesundheitsförderlichen Tee zuzubereiten.
⊕ *smarticular.net/ tee-kostenlos*

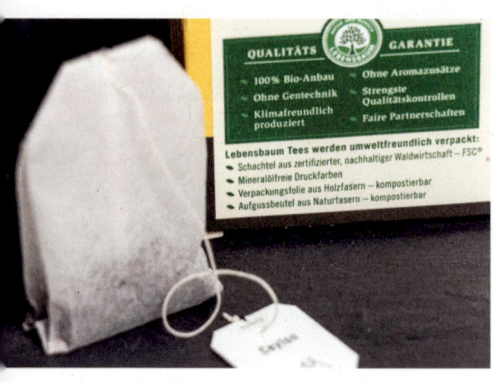

ᕙ Unverarbeitete Lebensmittel statt Fertigprodukte

Frisch zu kochen, hat nicht nur gesundheitliche und geschmackliche Vorteile, sondern tut im Vergleich zu Fertigprodukten auch der Umwelt gut. Denn eine Ernährung, die überwiegend aus unverarbeiteten Lebensmitteln besteht, reduziert die Zwischenstationen vom Anbau bis zum Endverbraucher, wodurch ganz automatisch weniger Verluste durch Verderb und industrielle Verarbeitungsprozesse entstehen. Hinzu kommt, dass frische Zutaten – wie beispielsweise Kartoffeln im Vergleich zu Tiefkühlpommes – mit viel weniger Verpackungsmaterial auskommen oder sogar unverpackt erhältlich sind. Schöner Nebeneffekt: Ein Speiseplan mit viel frischem Gemüse, Obst und Vollkorngetreide enthält auch noch wesentlich mehr gesunde Vitalstoffe, verglichen mit Fertigprodukten, und kommt ganz ohne fragwürdige Zusatzstoffe aus.

ᕙ Honig vom Imker

Honig gehört zu den gesündesten natürlichen Lebensmitteln – empfehlenswert vor allem dann, wenn es sich um echten naturbelassenen Biohonig vom lokalen Imker handelt. Wenn keine solche regionale Bezugsquelle für Honig zur Verfügung steht, empfiehlt es sich, einen genauen Blick aufs Etikett zu werfen. Denn im Supermarkt erhältlicher Honig enthält in der Regel eine Mischung aus Importhonigen aus Europa und nicht europäischen Ländern, er kann also zumindest teilweise einen weiten Weg aus China oder Südamerika hinter sich haben.

IMKERHONIG

Die Websites ⊕ *imkerhonig.org,* ⊕ *heimhathonig.de* und ⊕ *nearbees.de* helfen, regionale Imker zu finden.

Wer dagegen echten Imkerhonig (erkennbar am Siegel des deutschen Imkerbundes) oder Biohonig verwendet, trägt dazu bei, lange Transportwege sowie fragwürdige Verarbeitungsmethoden oder sogar gepanschte Produkte zu vermeiden. Viele Imker nehmen auch gern leere Gläser wieder zurück, um sie neu zu befüllen.

❦ Eier oder Ei-Alternativen

Zwar gibt es noch keine vergleichbare pflanzliche Alternative zu einem Spiegelei, in zahlreichen Back- und Kochrezepten lassen sich Eier als Binde- und Lockerungsmittel aber oft problemlos ersetzen – zum Beispiel wie folgt:

- je ein Ei durch 70 Gramm Apfelmus ersetzen (für Gebäck)

- anstelle eines Eis drei bis vier Esslöffel zarte Haferflocken in den Teig geben und 20 Minuten ziehen lassen (für Gebäck)

- anstelle eines Eis einen Teelöffel gemahlene Leinsamen mit drei Teelöffeln heißem Wasser verrühren, 15 Minuten stehen lassen (für verschiedene Speisen)

EIER-KENN-ZEICHNUNG

In Fertigprodukten lässt sich die Herkunft der Eier nicht mehr erkennen, entsprechend viele Eier aus ungünstigen Haltebedingungen verstecken sich oft darin. Bei frischen Eiern gibt die Kennzeichnung auf jedem Ei Aufschluss darüber, woher es stammt und wie die Hühner gehalten wurden.

Ein großer Teil des ökologischen Fußabdrucks von Hühnereiern entsteht bei der Futtermittelproduktion für die Hühner.[7] Denn insbesondere Hühner in konventioneller Haltung werden mit Kraftfutter ernährt, darunter importiertes Soja, und verursachen deshalb auch einen erheblichen Verbrauch von virtuellem Wasser (siehe S. 14).

7   O. V. (28.08.2020): Eier und ihr ökologischer Fußabdruck. In: DGS – Magazin für die Geflügelwirtschaft. Online verfügbar unter https://www.dgs-magazin.de/Eier-und-ihr-oekologischer-Fussabdruck,QUIEPTY2NjE4NTcmTU-lEPTQ3Mg.html?UID=680D81DEAA6988F659B22F9FDBBBAECFD26E777EE00E65 (abgerufen am 24.03.2021 – Kurzlink: https://smar.cc/da-5)

Wie ersetzt man 1 Ei?

Als Binde- und Feuchthaltemittel

 ½ Banane

 1–2 EL Stärke / Sojamehl / Kichererbsenmehl + 2–3 EL Wasser

 3 EL Apfelmus

 1 EL Chia-/Leinsamen + 3 EL Wasser

 3 EL Kürbispüree

 3–4 EL Haferflocken

 1 EL Tomatenmark

 50 g Seidentofu

Zur Lockerung

 2 TL Natron + 1 EL Essig

 1 TL Essig + ½ TL Öl

 2 EL Aquafaba aufschlagen

Für die Farbe

 ½ TL Kurkuma

Für den Geschmack

 1 Prise Kala Namak

 1 TL Hefeflocken

❦ Lebensmittel richtig lagern

Durch die richtige Lagerung bleiben Lebensmittel lange frisch. Vor allem leicht verderbliche Produkte, die kühl aufbewahrt werden, lassen sich mit ein paar einfachen Tricks länger genießen, wodurch weniger Lebensmittelabfall entsteht.

Um den Überblick zu behalten, lege frisch gekaufte Produkte im Kühlschrank am besten nach hinten, damit beim schnellen Griff ins Kühlschrankfach zuerst die älteren Waren weiter vorne verbraucht werden.

Auch innerhalb des Kühlschranks steigt wärmere Luft nach oben und sinkt kühlere ab, was einen Temperaturunterschied von mehreren Grad ausmacht. Deshalb werden weniger empfindliche Lebensmittel wie Gekochtes, Marmeladen, Senf und ähnlich gut konservierte Produkte am besten weiter oben platziert. Rohes Fleisch, frisches Gemüse, Salat und andere empfindliche Waren sind im unteren Teil oder noch besser ganz unten in der 0-°C-Zone, soweit vorhanden, richtig aufgehoben.

❦ Abgelaufene Lebensmittel

Das Unternehmen *SIRPLUS* (⊕ *sirplus.de*) hat sich auf den Verkauf geretteter Lebensmittel spezialisiert. Überschüssige oder abgelaufene, aber noch genießbare Produkte werden in den Berliner Rettermärkten sowie deutschlandweit über den eigenen Onlineshop verkauft. Die *etepete GmbH* (⊕ *etepete-bio.de*) bietet im Abo Obst- und Gemüse an, das nicht der gängigen Norm entspricht und deshalb oft schon direkt auf dem Feld aussortiert wird. Vielleicht gibt es auch in deiner Nähe eine Initiative, die sich gegen Lebensmittelverschwendung engagiert.

✔ Nachhaltige Vorratshaltung

Eine nachhaltige Vorratshaltung, bei der gezielt Lebensmittel gelagert und nachgekauft werden, die regelmäßig auf dem Speiseplan stehen, hilft ebenfalls, Lebensmittelverschwendung und die eine oder andere Fahrt zum Supermarkt zu vermeiden. Vor allem trockene und wenig verarbeitete Produkte wie Getreide, Mehl und Hülsenfrüchte sind bei dunkler und kühler Lagerung viele Monate bis Jahre haltbar und ergeben mit frischem Gemüse, Kräutern & Co. eine nahrhafte Mahlzeit.

Lebensmittel	Haltbarkeit
Essig	nahezu unbegrenzt
Getrocknete Hülsenfrüchte	nahezu unbegrenzt
Getreide	zwischen 3 und 20 Jahren (je nach Sorte)
Haferflocken	ungefähr 1 Jahr
Honig	unbegrenzt
Mehl	ungefähr 1 Jahr
Nudeln (ohne Ei)	mindestens 2 Jahre
Reis	bis zu 12 Jahre
Salz	unbegrenzt
Zucker	unbegrenzt

Hier erfährst du, welche weiteren Grundnahrungsmittel sich wie lange lagern lassen und was bei der Lagerung beachtet werden sollte:

 *smarticular.net/lebensmittel-vorrat*

⚘ Lebensmittel haltbar machen

Wer nach einem Speise- und Wochenplan (siehe S. 29) nur das einkauft, was kurzfristig verbraucht wird, braucht sich um die Haltbarkeit der Lebensmittel kaum zu kümmern. Wer lieber seltener und dafür in größeren Mengen einkauft oder einen Garten besitzt, sodass öfter große Mengen Lebensmittel auf einmal anfallen, dem stehen mit den Techniken des Dörrens, Einfrierens, Einkochens und Einlegens zahlreiche Möglichkeiten zur Verfügung, um schnell Verderbliches zu konservieren.

Frisch geerntete Gurken lassen sich beispielsweise mit diesem Rezept sauer einlegen und für mehrere Monate haltbar machen. Dafür benötigst du folgende Zutaten:

1 kg	Einlegegurken oder auch Zucchini
1	Zwiebel
500 ml	Tafelessig oder Weißweinessig
1 L	Wasser
2 EL	Salz
1 Bund	Dill
2 EL	Gewürzmischung
	großes keimfreies Gurkenglas oder mehrere andere Schraubgläser, in die die Gurken stehend hineinpassen

So werden die Gurken eingelegt:

1. Gurken gründlich unter fließendem Wasser putzen. Die bitteren Stielenden entfernen. Dill in kleine Zweige zerteilen und ebenfalls gründlich waschen. Zwiebel in Ringe schneiden.

2. Wasser, Essig und Salz zum Kochen bringen. Währenddessen Gurken, Dill, Zwiebel und Gewürze auf die Gläser verteilen.

3. Das kochende Essigwasser randvoll eingießen und die Gläser verschließen. An einem kühlen, dunklen Ort lagern, zum Beispiel im Keller.

Vor dem Genuss mindestens zwei Wochen lang ziehen lassen, damit die Gurken den Geschmack des Suds aufnehmen. Bei sauberer Zubereitung und entsprechender Lagerung sind die Gurken bis zur nächsten Saison haltbar. Geöffnete Gläser am besten im Kühlschrank aufbewahren und bald verbrauchen.

❦ Speisereste verwerten

Wenn das nächste Mal Nudeln, Reis, Kartoffeln oder andere gekochte Speisen übrig bleiben, zaubere doch einfach einen herzhaften Reste-Auflauf daraus!

Folgende Basiszutaten ergeben etwa vier köstliche Portionen:

500 g Reste von Nudeln, Reis, Kartoffeln oder gegartem Getreide

500 g buntes Gemüse

weitere Reste von Räuchertofu, Speck, Kräuter, Oliven usw. (optional)

250 ml Sahne oder Pflanzensahne

250 ml Wasser

Salz, Pfeffer und Gewürze nach Geschmack

200 g Käse oder eine vegane Käsealternative zum Überbacken

So wird der Auflauf zubereitet:

1. Den Backofen auf 180 °C Ober-/Unterhitze (160 °C Umluft) vorheizen.

2. Alle Basiszutaten nach Bedarf zerkleinern, vermengen und in eine ofenfeste Form geben.

3. Für die Soße Sahne und Wasser mit den Gewürzen verrühren und über die Basiszutaten gießen, sodass sie gut bedeckt sind.

4. Käse oder eine Käsealternative reiben, darüberstreuen und den Auflauf für etwa 30 bis 40 Minuten backen.

🐾 Kaugummi ohne Plastik

Hättest du es gewusst? Herkömmliche Kaugummis enthalten Kunststoffe auf Erdölbasis, sogenannte Polymere, wie sie auch in Autoreifen zu finden sind. Wenn die ausgelaugten Reste in die freie Natur gelangen, werden sie nicht nur zu ärgerlichen Tretminen, sondern zersetzen sich mit der Zeit zu schädlichem Mikroplastik.

Auf den Kauspaß verzichten muss man deshalb aber noch lange nicht. Denn mit Produkten wie beispielsweise *True Gum* und *Forest Gum* gibt es auch Kaugummis, die ausschließlich aus pflanzlichen Zutaten bestehen und biologisch abbaubar sind. Selbst die Verpackung der Produkte kommt ganz ohne Plastik aus.

VEGETARISCH GRILLEN

Diese köstlichen Grillgerichte gelingen auch ohne Fleisch und bringen Abwechslung auf den Rost:
🌐 *smarticular.net/ vegetarisch-grillen*

🐾 Nachhaltig grillen

Im Sommer gehört für viele zur Grillparty sicherlich das urig-rauchige Vergnügen eines Holzkohlegrills dazu. Wer dabei auf ein paar Kleinigkeiten achtet, kann sich sicher sein, dass kein Tropenholz im Grill landet.

Die bessere Alternative zu Billig-Holzkohle, die nicht selten aus Tropenhölzern gewonnen wird, sind Kohleprodukte aus heimischen Hölzern wie zum Beispiel Buche, erkennbar beispielsweise an der FSC-Zertifizierung als Nachweis über die Verwendung von Holz aus nachhaltiger Forstwirtschaft. Noch umweltfreundlicher wird das Barbecue mit einem Elektrogrill – zumindest dann, wenn er mit Ökostrom (siehe S. 110) betrieben wird.

Als Grillanzünder funktionieren in Wachs getränkte Holzwolle oder ein selbst gemachter Anzünder aus Eierkartons, Sägespänen und Wachsresten genauso gut wie vergleichbare Produkte auf Erdölbasis. Mit einer Mehrweg-Grillschale aus Edelstahl statt der Alu-Einweg-Variante wird dein grüner Grillabend komplett.

🐾 Zertifizierter oder regionaler Fisch und Aquaponik

Fisch gehört zu den wenigen Lebensmitteln, die wertvolle Omega-3- und Omega-6-Fettsäuren in einem besonders gesunden Verhältnis enthalten. Doch auch beim Fisch lohnt es sich, auf Qualität aus regionalen Quellen zu achten und öfter mal zu pflanzlichen Alternativen zu greifen. Denn mehr als ein Viertel der kommerziell genutzten Fischarten sind bereits überfischt, über die Hälfte sind in ihrem Bestand gefährdet.[8] Hinzu kommen immer mehr Aquakultur-Farmen, die die Meere durch die Ausscheidungen der Tiere sowie Rückstände von Antibiotika und anderen Medikamenten zusätzlich belasten.[9]

Um Fisch trotzdem mit einem guten Gefühl genießen zu können, empfiehlt es sich deshalb, auf vertrauenswürdige Siegel zu achten oder auf regional gezüchteten Süßwasserfisch umzusteigen. Bei Fisch aus dem Supermarktregal und im Bioladen sind es vor allem zwei Siegel, die gewährleisten, dass ein Produkt aus nachhaltiger Fischerei stammt:

- Naturland (🌐 *naturland.de*)
- MSC (🌐 *msc.org/de*)

Allerdings lohnt es sich, genau hinzuschauen und sich ggf. genauer über die Zucht- und Fischereimethoden des jeweiligen Herstellers zu informieren, denn Studien zufolge sind einige MSC-zertifizierte Fischereien trotzdem nicht empfehlenswert,[10] weil sie die Einhaltung der Standards nicht belegen können. Einige Marken wie beispielsweise *FollowFish* betrachten den MSC als Mindeststandard und möchten darüber hinaus weitere soziale und ökologische Standards im Fischfang etablieren.

AQUAPONIK

Aquaponik ist eine kreislaufbasierte Form der Aquakultur, bei der die Ausscheidungen der Fische als Dünger für den Anbau von Gemüse und Salat genutzt werden. Auf diese Weise lassen sich beide Produktionssysteme effizient und nachhaltig miteinander verbinden. Erste Anbieter wie die *Stadtfarm* in Berlin erzeugen Fisch und Gemüse direkt im Stadtzentrum und verkaufen sie auf einem eigenen Wochenmarkt sowie per Liefer-Abo, wodurch auch die Transportwege kurz bleiben. Leider gibt es im deutschsprachigen Raum bisher nur wenige Angebote dieser Art. Weitere Informationen zu Aquaponik gibt es unter: 🌐 *aquakulturinfo.de*

---

8 Verbraucherzentrale Berlin e. V. (Hrsg.) (2019): WELCHER FISCH AUF DEN TISCH? Ratgeber zum nachhaltigen Fischeinkauf. Online verfügbar unter https://www.verbraucherzentrale.de/sites//2020-01/Fischratgeber_VZ_0.pdf (abgerufen am 24.03.2021).

9 Bund für Umwelt und Naturschutz Deutschland e.V. (BUND) (Hrsg.) (o. J.): Aquakultur – ja, aber bitteschön nur nachhaltig! Online verfügbar unter https://www.bund.net/meere/belastungen/fischerei/aquakultur/ (abgerufen am 24.03.2021).

10 NABU – Naturschutzbund Deutschland e.V. (Hrsg.) (22.02.2019): Wie nachhaltig ist das MSC-Fischsiegel? Studie zeigt Schwächen beim Schutz bedrohter Arten. Online verfügbar unter https://www.nabu.de//02/25954.html (abgerufen am 24.03.2021).

❦ Superfood geht auch regional

Während viele als besonders gesund gepriesene Lebensmittel wie Chiasamen, Gojibeeren oder Kurkuma aus weit entfernten Anbaugebieten zu uns kommen, gibt es zahlreiche regionale *Superfoods*, die mindestens genauso gesund sind.

Die äußerst vitalstoffreichen Knollen (Rhizome) von Kurkuma und Ingwer lassen sich beispielsweise zu Hause selber anbauen, statt sie zu kaufen. Regionale Leinsamen haben sogar einen höheren Gehalt an Omega-3-Fettsäuren als Chiasamen, und das Vitamin C der Gojibeeren ist in hoher Konzentration auch in heimischen Hagebutten und in Sanddorn vorhanden. Noch mehr heimische Superfoods gibt es hier:

⊕ *smarticular.net/regionale-superfoods*

❦ Regionales Getreide statt Quinoa, Reis & Co.

Reis und auch das Pseudogetreide Quinoa, die ebenfalls überwiegend aus Übersee zu uns kommen, lassen sich in vielen Gerichten spielend durch regionale Getreidesorten ersetzen – zum Beispiel durch Dinkelreis, Hirse, Couscous, Bulgur oder Gerstengraupen.

Fans der kohlenhydratarmen Küche und Menschen mit einer Glutenunverträglichkeit können sich wahrscheinlich für diesen Blumenkohl-Reis begeistern.

Gebraucht werden:

1	Blumenkohl
2 EL	Olivenöl, Ghee oder ein neutrales Pflanzenöl
	Salz und Pfeffer

Und so einfach geht's: Blumenkohl säubern und grob zerkleinern. Mit einem Messer oder einer Küchenmaschine auf Reiskorngröße hacken, aber nur so weit, dass noch kein Brei entsteht. In einer Pfanne Öl erhitzen. Den Blumenkohl hinzugeben und bei mittlerer Hitze für drei bis vier Minuten braten. Mit Salz und Pfeffer abschmecken.

🐾 Weniger Fleisch, mehr Gemüse

Dass wir insgesamt zu viel Fleisch essen, sagen nicht nur Umweltschützer, die sich dabei insbesondere auf den Ressourcenaufwand und die CO_2-Bilanz der Fleisch- und Wurstverarbeitung beziehen.[11] Auch Ernährungsexperten empfehlen, maximal dreimal Fleisch pro Woche zu konsumieren[12] und den Nährstoffbedarf überwiegend mit Getreide, Gemüse und Obst zu decken. Von diesen Empfehlungen profitieren die eigene Gesundheit und die Umwelt gleichermaßen.

Wer öfter oder komplett auf Fleisch verzichten möchte, kann den Eiweißbedarf beispielsweise mit wertvollen Proteinlieferanten wie Linsen, Bohnen und anderen Hülsenfrüchten, Lupinensamen oder Tempeh, Tofu und anderen Sojaprodukten decken.

🐾 Übrig gebliebenes Eiweiß und Eigelb

Bevor beim Kochen übrig gebliebenes Eiweiß oder Eigelb im Abfluss landet, weil es in einem Rezept nicht gebraucht wird, verarbeite beides doch mal wie folgt weiter! Für eine nährende Gesichtsreinigungslotion vermische ein Eigelb mit etwas Gurken- oder Zitronensaft. Trage die Mischung auf die Gesichtshaut auf, lass sie kurz einwirken und spüle sie mit viel lauwarmem Wasser wieder ab.

Dank seiner Pflegeeigenschaften lässt sich auch übrig gebliebenes Eiweiß zu einer vitalisierenden Gesichtsmaske verarbeiten. Dazu das Eiklar leicht aufschlagen, mit etwas Milch und Gurkensaft vermischen und die Masse auf die Gesichtshaut auftragen. Wenn die Maske getrocknet ist, alles mit warmem Wasser wieder abspülen.

KLEINE RESTE EINFRIEREN

Kleinere Mengen angefangener Lebensmittel wie Babybrei, Soßen usw. lassen sich am besten portionsweise im Eiswürfelbehältern einfrieren, damit nichts mehr verdirbt.
⊕ *smarticular.net/ reste-eiswuerfel*

EI-RESTE

Viele weitere Ideen für die Ei-Resteverwertung gibt es hier:
⊕ *smarticular.net/ eigelb-reste*
⊕ *smarticular.net/ eiweiss-reste*

---

11 Umweltbundesamt (Hrsg.) (13.01.2017): Warum Fleisch zu billig ist. Online verfügbar unter https://www.umweltbundesamt.de/themen/warum-fleisch-zu-billig-ist (abgerufen am 24.03.2021).

12 Bundeszentrum für Ernährung (Hrsg.) (2021): Ernährungspyramide: Was esse ich?. Grün hat Vorfahrt – Lebensmittel nach Ampelfarben auswählen. Online verfügbar unter https://www.bzfe.de/ernaehrung/die-ernaehrungspyramide/die-ernaehrungspyramide-eine-fuer-alle/ernaehrungspyramide-was-esse-ich/ (abgerufen am 24.03.2021).

🌱 Gemüsereste verwerten

Statt kleine Gemüsereste wie Möhrenenden, Strünke von Brokkoli oder Blumenkohl, Selleriestücke oder sogar Zwiebelschalen wegzuwerfen, gelingt es dir, sie ganz einfach haltbar zu machen und später als aromatische Suppenbasis zu verwenden. Dazu werden sie eingefroren oder getrocknet, bis eine ausreichende Menge zusammengekommen ist.

Koche mit den gesammelten Gemüseresten einen Fond. Alternativ lässt sich daraus eine haltbare Gemüsewürzpaste herstellen. Dazu wird das Gemüse fein zerkleinert und im Verhältnis 1:5 mit Salz vermischt (zum Beispiel 200 Gramm Salz auf 1000 Gramm Gemüse). Wegen des hohen Salzgehalts ist die Paste viele Monate haltbar.

Alternativ werden die die Gemüsereste in sehr kleine Stücke bzw. dünne Streifen geschnitten und zum Trocknen ausgebreitet, am besten in der Nähe der Heizung oder an einem anderen warmen, trockenen und gut belüfteten Ort. Nach dem Trocknen lassen sich die Gemüsestücke in Schraubgläsern aufbewahren und für Suppen und Soßen verwenden oder in ganz eigene Tütensuppen-Kreationen verwandeln:

⊕ *smarticular.net/tuetensuppe*

❦ Kartoffelschalen verwerten

Kartoffelschalen eignen sich gut zum Putzen und für die Fleckentfernung, denn die Kartoffelstärke in den Schalen löst den Schmutz und bindet ihn an sich. Besonders praktisch sind längere, breite Schalenstücke mit großer Oberfläche.

Um beispielsweise einen Topf oder eine Spüle aus Edelstahl fleckfrei zu polieren, reibe die Oberfläche mit der feuchten Seite der Kartoffelschale ein. Ein paar Minuten einwirken lassen und dann einfach abspülen oder mit einem trockenen Tuch abwischen.

Auch Spiegel lassen sich auf diese Art putzen: Mit der Kartoffelschale darüberreiben, einwirken lassen und dann mit einem trockenen, weichen Tuch nachwischen. Beim Badezimmerspiegel sorgt diese Behandlung zudem dafür, dass der Spiegel weniger schnell beschlägt.

Auch Flecken und Ablagerungen aus Thermoskannen bekommst du mit Kartoffelschalen weg. Dazu ein paar der Schalen in die Kanne geben, mit Wasser auffüllen, die Kanne verschließen und gut schütteln. Nach etwa 15 Minuten leeren und gut ausspülen.

🌱 Blätter und Strunk verwerten

Von Blättern, Stängeln und Strünken verschiedener Gemüsesorten wird meist angenommen, dass sie nicht schmecken würden oder ungenießbar wären. Dabei ist oft das Gegenteil der Fall! Die Blätter von Kohlrabi enthalten beispielsweise mehr Nährstoffe als die Knolle selbst, und geschmacklich haben sie ein ganz eigenes, intensives Aroma, das sehr gut zu Gemüsesuppen passt.

Hier noch einige weitere Ideen, wie sich die Reste von Gemüse zu köstlichen Mahlzeiten verarbeiten lassen:

NICHT ESSBARE BLÄTTER

Nicht alle Blätter von Gemüsepflanzen eignen sich für den Verzehr. Auch bei den oben genannten Sorten solltest du schadhafte, verfärbte oder auf andere Weise nicht gesund aussehende Blätter vor der Weiterverarbeitung aussortieren. Darüber hinaus gibt es einige Pflanzen, deren Blätter Giftstoffe enthalten bzw. für den menschlichen Körper unverdaulich sind – dazu gehören Tomaten und Rhabarber. Verarbeite deshalb nur solche Blätter, von denen du weißt, dass sie essbar sind.

- Karottengrün und die Blätter von Radieschen sind eine schmackhafte Grundlage für ein würziges Pesto. Dazu einfach das Grünzeug des Lieblings-Pesto-Rezeptes ganz oder zur Hälfte durch Radieschen- oder Karottengrün ersetzen.

- Kohlrabiblätter schmecken nicht nur püriert in der Suppe, sondern können auch wie Spinat verarbeitet werden.

- Die Strünke von Brokkoli oder Blumenkohl ergeben, gekocht und püriert, ein leckeres Püree oder eine köstliche Cremesuppe.

- Die Blätter von Roter Bete lassen sich wie Mangold zubereiten oder als aromatische Zutat in Smoothies und Eintöpfen verwenden.

Welche gesunden Nährstoffe all diese und weitere vermeintliche Abfälle enthalten, erfährst du genauer hier:

🌐 *smarticular.net/gemuesereste-verwerten*

❦ Obstschalen verwerten

Schalen von ungespritztem Bioobst wie Äpfeln und Zitrusfrüchten lassen sich ebenfalls zu köstlichen Lebensmitteln verarbeiten. Für einen kalorienarmen und gesunden Knabbersnack zwischendurch werden beispielsweise Apfelschalen in fünf Zentimeter lange Stücke geteilt und auf einer flachen Unterlage getrocknet. Wenn sie keine Feuchtigkeit mehr enthalten, können sie in Schraubgläsern aufbewahrt werden. Wer es süßer mag, mischt die Schalen vor dem Trocknen noch mit ein wenig Zucker und eventuell Zimt. Die trockenen Stücke lassen sich auch klein brechen und mit heißem Wasser zu einem Apfelschalentee aufgießen (mindestens fünf Minuten lang ziehen lassen).

Der Abrieb von Zitronen- oder Orangenschalen aromatisiert Gebäck und Desserts. Dazu die gelbe oder orange Schicht von der Schale abreiben und wie gewohnt verwenden. Durchgetrocknet und in einem verschlossenen Gefäß aufbewahrt, hält sich der Abrieb sehr lange. Viele weitere Verwendungsmöglichkeiten für Obstschalen findest du hier:

⊕ *smarticular.net/zitronenschalen*

⊕ *smarticular.net/orangenschalen*

⊕ *smarticular.net/apfelschalen*

🌱 Altbackenes Brot und Brötchen

Altes Brot und altbackene Brötchen lassen sich meist problemlos wieder auffrischen. Gehe dazu wie folgt vor:

1. Eine luftdichte Dose o. Ä. mit Deckel mit etwas Wasser füllen, sodass der Boden circa einen halben Zentimeter bedeckt ist.

2. Besteck, Ausstechförmchen oder andere kleine Gegenstände auf den Boden der Brotdose legen und altbackenes Brot oder Brötchen so darauf legen, dass sie das Wasser nicht berühren.

3. Das Behältnis schließen und das Ganze über Nacht stehen lassen.

Das Gebäck zieht die Luftfeuchtigkeit an, nimmt Wasser auf und wird wieder locker und genießbar! Dieser Trick lässt sich auf dem Herd mit Wasserdampf beschleunigen.

Wenn Brot und Brötchen schon zu trocken sind, um sie aufzufrischen, lassen sie sich immer noch weiternutzen. Vertrocknete Brotscheiben, die mit einem scharfen Brotmesser in Würfelchen geschnitten wurden, eignen sich beispielsweise als Croutons für einen Salat oder eine Suppe. Dazu die Brotwürfel in der Pfanne mit wenig Öl und Salz, Pfeffer und Paprika sowie mit Kräutern wie Basilikum oder Thymian anrösten. Größere Brotkanten ergeben vielseitig einsetzbares Semmelmehl, wenn sie mit einer Küchenreibe fein gerieben werden, und eignen sich noch für zahlreiche Rezepte mit Altbrot:

🌐 *smarticular.net/altes-brot*

❡ Braune Bananen verwerten

Statt überreife, braune Bananen wegzuwerfen, lassen sie sich noch als gesunde Süße und alternatives Bindemittel in zahlreichen Rezepten verwerten. Eine reife, zerdrückte Banane ersetzt beispielsweise zwei mittelgroße Eier beim Backen. In diesem Fall kann der Anteil des beigefügten Zuckers reduziert werden.

Sehr reife Banane ergeben auch eine tolle Basis für eine schnelle vegane Eiscreme: Die Bananen schälen, in Stücke schneiden und einfrieren. Sobald sie durchgefroren sind, die Stücke pur oder mit Kakao, Vanille oder anderen Aromatzutaten in einem leistungsstarken Mixer cremig pürieren. Das Ergebnis ist cremiges Eis, das sich zudem noch mit den unterschiedlichsten Zutaten bereichern lässt, zum Beispiel mit eingerührten Schokostreuseln, Beeren als Topping und vielem mehr. Noch mehr Ideen zur Verwendung brauner Bananen:

⊕ *smarticular.net/braune-bananen*

☘ Gebrauchte Teebeutel

Einmal aufgebrühte Teebeutel leisten in feuchtem oder getrocknetem Zustand noch gute Dienste, und ihr Inhalt ist viel zu schaden für den Kompost oder Restmüll. Vor allem Schwarz- und Grüntee enthalten entzündungshemmende und adstringierende Gerbstoffe (auch Tannine genannt), die bei blauen Flecken oder Insektenstichen helfen. Einfach einen feuchten Teebeutel für etwa 15 Minuten auf die betroffene Stelle legen und leicht andrücken.

Teebeutel mit Zitronengras, Zitronenmelisse und Lavendel vertreiben mit ihrem Duft ungebetene Insekten, insbesondere Stechmücken. Die Beutel einfach dort positionieren, wo die Insekten nicht mehr hinkommen sollen. Getrocknete gebrauchte Teebeutel dienen auch als Geruchskiller: Einfach einige Beutel für ein paar Stunden in den Kühlschrank oder auch in die Schuhe legen, und die Kräuter ziehen den Geruch aus der Umgebung.

Wofür gebrauchte Teebeutel sich noch alles verwenden lassen, erfährst du hier:

⊕ *smarticular.net/gebrauchte-teebeutel*

Küche

⨍ Gefrierschrank abtauen

Ein abgetauter Gefrierschrank verbraucht zwischen zehn und fünfzehn Prozent weniger Energie als ein Gerät mit Eisschicht. In der Regel reicht es, das Kühlgerät ein- bis zweimal im Jahr abzutauen, um Strom einzusparen. Bei Neuanschaffungen empfiehlt sich ein energieeffizientes Gerät (siehe S. 112) mit *Low-Frost-* oder *No-Frost-Techno-logie*, damit erst gar keine dicke Eisschicht entsteht.

⨍ Kühlschrank effizient nutzen

Wusstest du, dass ein voller Kühlschrank weniger Strom verbraucht als ein leerer? Das liegt daran, dass jedes Lebensmittel im Kühlschrank Luft verdrängt und deshalb beim Öffnen der Tür weniger warme Luft ins Gerät gelangt, die anschließend wieder heruntergekühlt werden muss. Die Lebensmittel wirken wie ein Kühlakku, der die Kälte „speichert". Ein an die Größe des Haushalts angepasster Kühlschrank, der selten und nur kurz geöffnet wird, spart Strom. Ebenfalls wichtig ist, Speisereste erst dann in den Kühlschrank zu stellen, wenn sie auf Zimmertemperatur heruntergekühlt sind.

🦶 Energieeffizient kochen und backen

Um beim Kochen mit elektrischen Herdplatten und beim Backen weniger Energie zu verbrauchen, reichen schon ganz einfache Maßnahmen aus, die in Summe einen großen Unterschied machen. Mit zur Größe der Herdplatten passenden Töpfen und absolut planen Topfböden wird die Wärme besonders effizient weitergeleitet. Die routinemäßige Verwendung eines Deckels spart ungefähr zwei Drittel des Stroms ein, weil das Kochgut schneller erwärmt wird und weniger Hitze verloren geht. Bei vielen Gerichten kann der E-Herd bereits fünf bis zehn Minuten vor Ende der Garzeit ausgeschaltet werden, um auch die Restwärme zu nutzen.

Ähnlich simpel lässt sich der Energieaufwand beim Backen senken. Vorheizen vor oder während der Zubereitung ist bei modernen Öfen mit Schnellaufheizung oft gar nicht mehr notwendig. Die Umluftfunktion kommt im Vergleich zu Ober-/Unterhitze mit circa 20 Prozent weniger Energie aus.[13] Und wer mehr auf einmal bäckt, kann die Energie besonders effizient nutzen, statt den Ofen mehrfach aufzuheizen.

🦶 Alufolie reduzieren

ALUFOLIE

Wenn Alufolie doch einmal unumgänglich ist, ist es möglich, auf Folie aus recyceltem Aluminium zurückzugreifen, zum Beispiel von *If you care* (🌐 *buyifyoucare.com*).

Das vielseitige Material Aluminium lässt sich zwar gut recyceln, dabei wird aber auch viel Energie verbraucht. Zudem ist die Produktion von Aluminium besonders energieaufwendig, und beim Abbau der Rohstoffe entstehen giftige Abfälle. Das sind alles gute Gründe, um das Einwegprodukt Alufolie sparsam oder gar nicht mehr zu verwenden. Je nach Situation bieten sich viele Alternativen an, beispielsweise eine Mehrweg-Grillschale (siehe S. 40) oder eine Brotbox anstelle des in Alufolie eingewickelten Pausenbrots. Noch mehr Alternativen zu Alufolie gibt es hier:

🌐 *smarticular.net/alufolie*

---

13 Bundesministerium für Wirtschaft und Energie (2021): Beim Backen den Stromverbrauch im Blick haben. Online verfügbar unter https://www.deutschland-machts-effizient.de/KAENEF/Redaktion/DE/Standardartikel/Dossier/A-backen-stromverbrauch.htm (abgerufen am 24.03.2021).

◊ Frischhaltefolie ersetzen

Indem zum Abdecken von Schüsseln ein Teller, ein Bienenwachstuch oder eine waschbare Abdeckhaube verwendet wird oder Reste in ein Mehrweggefäß umgefüllt werden, lässt sich das Wegwerfprodukt Frischhaltefolie leicht durch ein wiederverwendbares ersetzen. So kann schnell und effektiv Abfall vermieden werden.

⊕ *smarticular.net/frischhaltefolie*

◊ Backmatte statt Backpapier

Dank umweltfreundlicher Alternativen zu Backpapier steht auch dem Backvergnügen nichts im Wege. Ein haftfreies Glas-Backblech, eine Dauerbackmatte oder manchmal einfach nur das gute alte Einfetten des Backblechs sorgen dafür, dass nicht bei jedem Backen Restmüll entsteht. Denn herkömmliches Backpapier ist mit einer dünnen Schicht Silikon beschichtet und kann deshalb nicht wie herkömmliches Papier recycelt werden.

⊕ *smarticular.net/backpapier*

◊ Waschbare Küchenrolle

Mit einem Wisch ist alles weg – das klappt nicht nur mit der Einweg-Küchenrolle, sondern funktioniert genauso gut mit kleinen waschbaren Stofflappen, die als Stapel oder handliche Rolle genauso schnell griffbereit sind. Die „nachhaltige Küchenrolle" kannst du ganz einfach selber machen, indem du alte Geschirrtücher dafür verwendest und sie bei Bedarf in mehrere Teile zerschneidest. Wenn sie mit anderen Handtüchern mitgewaschen werden, entsteht normalerweise auch kaum zusätzlicher Wasser- und Stromverbrauch.

⊕ *smarticular.net/kuechenrolle*

🐾 Gusseisen statt Teflon

Antihaftbeschichtete Pfannen sind praktisch und erleichtern das Kochen und Braten ungemein. Die dabei häufig vorkommende Teflon-Schicht ist aber ökologisch und gesundheitlich umstritten. Zudem zeigen sich oft schon nach kurzem Gebrauch erste Kratzer und Schnitte – das Material beginnt sich zu lösen und wird mit der Nahrung gegessen.

Als gesündere und langlebige Alternative empfehlen sich Pfannen aus Guss- oder Schmiedeeisen, die keine bedenklichen Stoffe freisetzen und durch Einbrennen und regelmäßige Benutzung eine Patina entwickeln, die ebenfalls als Antihaftbeschichtung wirkt.

⊕ smarticular.net/antihaftbeschichtung

TEFLON REPARIEREN

Bereits vorhandene Teflon-Pfannen müssen wegen einer defekten Beschichtung nicht weggeworfen werden, sondern lassen sich professionell neu beschichten. Weitere Informationen findest du auf
⊕ pfannenbeschichtung.de.

🐾 Stoffserviette wird alltagstauglich

Lange nur bei festlichen Anlässen verwendet, wird die Stoffserviette im nachhaltigen Haushalt alltagstauglich. Denn im Gegensatz zu Wegwerfservietten lässt sie sich umweltfreundlich reinigen und viele Male benutzen. Damit beim Waschen kein Mikroplastik (siehe S. 180) freigesetzt wird, verwende am besten Exemplare aus biologisch abbaubaren Materialien wie Baumwolle, Leinen oder Bambus.

◊ Nachhaltiger Spülschwamm

Eine Alternative zu Plastik-Spülschwämmen, die sich mit jeder Benutzung ein bisschen mehr auflösen und Mikroplastik ans Abwasser abgeben, sind Schwämme aus nachwachsenden Rohstoffen wie beispielsweise Spülbürsten aus Holz und Pflanzenfasern oder Luffa-Schwämme. Letztere werden aus Luffa-Gurken gewonnen, die sogar regional wachsen, wie das Start-up ⊕ *theclosestloop.com* beweist. Wenn du über ein Gewächshaus verfügst, versuche gern einmal, dort deine eigenen Luffa-Spülschwämme zu züchten.

Eine andere nachhaltige Spülhilfe lässt sich aus Jutegarn ganz einfach stricken oder häkeln und, wenn sie zerschlissen ist, im Kompost oder in der Biotonne entsorgen.

⊕ *smarticular.net/spuelschwamm-haekeln*

⊕ *smarticular.net/spueltuecher-haekeln*

◊ Ökologische Spülmaschinentabs ohne Plastikmüll

Als Alternative zu einzeln in Plastikfolie verpackten Spülmaschinentabs kommen beispielsweise Tabs mit wasserlöslicher Folie infrage. Sie besteht in der Regel aus Polyvinylalkohol (PVA), einem biologisch abbaubaren Kunststoff, der auch als Lebensmittelzusatzstoff zugelassen ist. Für klassisches Spülmaschinenpulver, das seinen Zweck genauso erfüllt und sich zudem passend zur Beladung der Spülmaschine dosieren lässt, fällt sogar lediglich eine Kartonverpackung an.

Damit auch die Inhaltsstoffe der Tabs umweltverträglich sind, empfiehlt es sich, ein Produkt zu verwenden, das kein Benzotriazol (BTA) enthält. Diese Substanz ist biologisch schwer abbaubar und reichert sich in der Umwelt und in Wasserlebewesen an. Ob ein Produkt BTA enthält, lässt sich nicht immer auf der Verpackung erkennen; teilweise findet man die Information lediglich in einem Datenblatt auf der Website des Herstellers. Spülmaschinentabs, die mit dem Blauen Engel zertifiziert sind, sind grundsätzlich BTA-frei.

♥ Plastikfreie Küchenutensilien

Als plastikfreie Alternative zu Frischhaltedosen, Plastik-schneidbrettern und anderen Haushaltshelfern aus Kunst-stoff bieten sich zahlreiche Küchenutensilien aus umwelt-freundlichen Materialien an.

Beispielsweise sind Schneidebretter und Kochlöffel aus Holz nicht nur besonders nachhaltig, sondern auch hygienischer als die Pendants aus Kunststoff. Denn die im Holz enthal-tenen Gerbstoffe wirken auf natürliche Weise antibakteriell.

Um Gefäße abzudecken, eignen sich umgedrehte Teller, Topfdeckel oder viele Male verwendbare Wachstücher ge-nauso gut wie Frischhaltefolie. Flüssiges oder stückiges Gefriergut ist mit ausreichend Platz in einem Schraubglas ebenso sicher aufgehoben wie in einem Plastikbeutel. Und viele Küchenhelfer wie Pfannenwender, Schneebesen und Co. gibt es ebenfalls aus umweltfreundlichen und äußerst langlebigen Materialien wie Holz oder Edelstahl.

Sofern sie noch gut funktionieren, brauchst du vorhandene Plastik-Gegenstände wie Schüsseln, Küchengeräte u. Ä. aber keinesfalls aus der Küche zu verbannen. Am umweltfreund-lichsten ist nicht etwa ein Neukauf, sondern eine möglichst lange Verwendung vorhandener Dinge. Mehr Tipps für die plastikfreie Küche:

⊕ *smarticular.net/kueche-plastikfrei*

Haarpflege

🦶 Haarpflege ohne Müll

Festes Shampoo (siehe S. 66) funktioniert genauso gut wie konventionelles flüssiges Shampoo, spart aber anders als dieses schon den Löwenanteil des Verpackungsmülls ein. Darüber hinaus gibt es Haarpflege-Methoden, bei denen noch weniger oder gar kein Abfall anfällt.

Beispielsweise ist Roggenmehl reich an natürlichen Pflegestoffen, wie sie auch in den meisten Shampoos zu finden sind. Deshalb eignet sich Roggenmehl hervorragend als natürliche Shampoo-Alternative.

Je nach Haarlänge benötigst du 250 bis 300 Milliliter lauwarmes Wasser und vier bis fünf Esslöffel Roggenmehl. So wird daraus Shampoo: Mehl und Wasser werden ausgiebig verrührt und für ein bis zwei Stunden stehen gelassen, bis sie eine dickflüssige Konsistenz erreichen, ähnlich wie anderes Shampoo. Angewendet wird das frisch zubereitete Roggenshampoo, indem der Mehlbrei in das feuchte Haar einmassiert wird, beginnend am Haaransatz. Nach einer Einwirkzeit von circa fünf Minuten warm ausspülen.

HAARPFLEGE

Ebenfalls gänzlich ohne Müll kommen die Haarpflegemethoden *No-Poo* (⊕ *smarticular. net/ohne-shampoo*) und *Sebum-only* (⊕ *smarticular.net/sebum-only*) aus. Allerdings erfordern sie eine Umstellungsphase, um das Haar von den umhüllenden Stoffen herkömmlicher Shampoos zu entwöhnen.

👣 Natürliche Haarspülung

Statt zu einer Spülung mit langer Zutatenliste zu greifen, wird dein Haar auch mit einer sauren Rinse wieder geschmeidig. Die saure Haarspülung ist schnell gemacht und besteht lediglich aus zwei Zutaten. Du brauchst:

2 TL Apfelessig, Himbeeressig oder Weinessig

1 L Leitungswasser

Die Dosierung lässt sich bei Bedarf auf bis zu zwei Esslöffel Essig je Liter Wasser erhöhen, beispielsweise für eine besonders intensive Spülung gegen Schuppen und juckende Kopfhaut sowie in Regionen mit stark kalkhaltigem Wasser.

So wird die saure Rinse hergestellt und angewendet:

1. Wasser und Essig in ein Gefäß geben und gründlich vermischen.

2. Die saure Spülung portionsweise ins Haar geben, dabei am Haaransatz beginnen und die Spülung über die gesamte Haarlänge und die Kopfhaut verteilen (sie sollte nicht in die Augen gelangen).

3. Nicht ausspülen – das Haar kann gleich wie gewohnt getrocknet und gestylt werden.

Keine Sorge, der Essiggeruch verfliegt nach kurzer Zeit, und du wirst mit leicht kämmbarem, glänzendem Haar belohnt. Eine saure Rinse kann individuell nach Bedarf alle paar Wochen oder auch täglich angewendet werden.

✔ Haarkur aus natürlichen Zutaten

Für noch mehr Haarpflege brauchst du ebenfalls nicht zu einer Haarkur als Fertigprodukt zu greifen, denn mit natürlichen Zutaten lässt sich das Haar ebenso gut verwöhnen und pflegen:

- Ein Esslöffel warmes Mandelöl, ins handtuchtrockene Haar massiert, verleiht strapaziertem, sprödem Haar neuen Glanz und Feuchtigkeit.

- Fettiges Haar wird mit Heilerde intensiv gereinigt. Dazu einfach fünf Esslöffel Heilerde mit ½ Liter lauwarmem Wasser verrühren und über Kopfhaut und Haare verteilen. Sind die Haarspitzen eher trocken, diese Region nach Möglichkeit aussparen. Nach fünf Minuten mit lauwarmem Wasser gut ausspülen.

Mehr Rezepte für selbst gemachte Haarkuren:

🌐 *smarticular.net/haarkuren*

Hausapotheke

💚 Natürliche Hausapotheke

Viele Alltagswehwehchen lassen sich mit einfachen Naturheilmitteln und Hausmitteln behandeln, von denen die meisten ohnehin im Haushalt vorhanden sind. Das spart Transportwege und Verpackungsmüll und ist oft auch noch preiswerter.

Probiere beispielsweise diese Alternativen, mit denen sich häufig Medikamente vermeiden lassen:

- Ein geriebener Apfel hilft bei Durchfall.

- Heilwolle lindert nicht nur den wunden Po des Babys, sondern hilft auch bei Ohren-, Hals- und Gelenkschmerzen.

- Ein Kirschkernkissen dient als natürliches Kühl- und Wärme-Pad.

- Leinsamen helfen bei Verstopfung (ein Esslöffel in Wasser eingerührt) und als wärmende Auflage bei einer Nasennebenhöhlenentzündung (ein Teil Leinsamen in zwei Teilen Wasser aufkochen und den warmen Brei in ein Tuch geben und auflegen).

- Ein bis zwei Teelöffel Flohsamenschalen in einem Glas Wasser helfen bei Verstopfung, aber auch bei Durchfall. Dazu ausreichend Wasser trinken.

- Aloe-Vera-Gel wirkt kühlend und abschwellend bei Insektenstichen und Sonnenbrand (siehe S. 65).

- Wasserstoffperoxidlösung (dreiprozentig) ist nützlich, um Wunden zu desinfizieren, und hilft bei Entzündungen (siehe S. 152).

- Salbeitee dient als desinfizierende Mundspülung bei Zahn- und Halsschmerzen.

- Hustensaft aus Zwiebeln bringt Linderung bei Husten, Schnupfen und Kopfschmerzen.

🌐 *smarticular.net/hausapotheke*

❦ Winterrettich-Hustensaft

Auch mit Winterrettich (schwarzem Rettich) gelingt ein heilsamer Hustensaft. Erforderlich sind:

1 Winterrettich

Kandiszucker oder anderen Zucker

Und so entsteht der Saft:

1. Die Kappe der Knolle abschneiden. Mit einem Löffel oder Kugelausstecher das Innere der Frucht aushöhlen.

2. Mit einer Stricknadel o. Ä. ein kleines Loch in den Boden des ausgehöhlten Rettichs stechen.

3. Die Knolle auf ein Glas setzen, sodass sich das Loch über der Glasöffnung befindet. Die Aushöhlung mit Kandis oder braunem Zucker füllen und den Rettich-Deckel wieder aufsetzen.

4. Einige Stunden oder auch über Nacht stehen lassen. Der Zucker verflüssigt sich und löst die heilenden Inhaltsstoffe aus dem Rettich heraus. Fertiger Hustensirup tropft durch das Loch ins Glas.

5. Den fertigen Sirup in ein Schraubglas füllen und im Kühlschrank aufbewahren.

Bei einem großen Rettich lässt sich dieser Vorgang mehrmals wiederholen, indem von der Innenseite des Rettichs eine weitere Schicht Fruchtfleisch abgeschabt wird und der Hohlraum erneut mit Zucker gefüllt wird.

🌱 Zwiebelhustensaft

Für selbst gemachten Zwiebelhustensaft werden lediglich 100 Gramm Zwiebeln und 100–150 Gramm Zucker gebraucht. So geht's:

1. Zwiebeln möglichst fein schneiden.

2. Die Zwiebelstücke und den Zucker abwechselnd in ein Schraubglas schichten und für einige Stunden stehen lassen.

3. Wenn sich der Zucker komplett verflüssigt hat, den fertigen Zwiebelsaft durch ein feines Sieb filtern und in ein geeignetes keimfreies Gefäß abfüllen.

Nach Bedarf mehrmals täglich einen Teelöffel des Sirups pur oder in Tee aufgelöst einnehmen.

Mehr Rezepte für selbst gemachten Hustensaft und mehr Tipps für die natürliche Hausapotheke gibt es hier:

🌐 *smarticular.net/hustensaft-rezepte*

Hautpflege

🦶 Pflanzenöl statt Bodylotion

Viele Cremes und Bodylotions enthalten hochwertige Pflanzenöle, die die Haut auf natürliche Weise pflegen. Wer stattdessen gleich reine Pflanzenöle für die Hautpflege verwendet oder seine Hautpflege aus wenigen Zutaten selbst herstellt, tut seiner Haut etwas Gutes und kann gleichzeitig unnötige Zusatzstoffe und schlecht recycelbare Verpackungen vermeiden.

Um das richtige Öl je nach Hauttyp zu finden, hilft die folgende Übersicht.

Hauttyp	Pflanzenöl
Trockene Haut	Kokosöl, Olivenöl, Rapsöl
Fettige, unreine Haut	Arganöl, Walnussöl, Sonnenblumenöl
Reife Haut	Arganöl, Granatapfelöl, Nachtkerzenöl, Traubenkernöl
Empfindliche Haut	Hanfsamenöl, Kokosöl, Mandelöl, Walnussöl

Mehr Informationen zur Hautpflege mit Pflanzenölen gibt es hier:

🌐 *smarticular.net/pflanzenoel-hauttyp*

🌐 *smarticular.net/pflanzenoel-hautpflege*

🦶 Kokosöl als universelles Hautpflegemittel

SCHWER ZU ERSETZENDES KOKOSÖL

Dank seiner besonderen Zusammensetzung hat Kokosöl Eigenschaften und Vorzüge, die sich mit anderen (vor allem regionalen) Ölen leider nicht erreichen lassen. Da es sich um ein Tropenprodukt handelt, empfiehlt es sich dennoch, das sehr ergiebige Öl stets sparsam zu verwenden.

Kokosöl ist ein ganz besonderes pflanzliches Fett, das aufgrund seiner speziellen Eigenschaften nicht nur in der Küche, sondern auch in der Körperpflege vielseitig verwendbar ist. Es pflegt durch die antimikrobielle Wirkung der enthaltenen Laurinsäure Haut, Haare und den gesamten Organismus innerlich und äußerlich auf natürliche Weise.

Natives, kalt gepresstes Kokosöl riecht und schmeckt nach Kokos. Sparsam dosiert, zieht es in der Regel gut in die Haut ein. Da Kokosöl allerdings komedogen ist, profitieren Menschen, die zu Akne oder Mitessern neigen, eher von anderen, nicht komedogenen Pflanzenölen wie Hanfsamen-, Mandel- oder Jojobaöl. Dank seines niedrigen Schmelzpunkts von 23 bis 26 °C eignet sich Kokosöl ideal für die Verarbeitung in Cremes, Lotionen oder Lippenpflegestiften, aber auch für die direkte Nutzung:

- In den Händen leicht angewärmt und in den Haaren verteilt, schützt Kokosöl das Haar vor dem Austrocknen und macht es geschmeidig.

- Unreine Haut kann schneller abheilen, wenn sie sparsam mit Kokosöl eingerieben wird.

- Ein Teelöffel des Pflanzenöls, im Mundraum hin- und her bewegt, durch die Zähne gezogen und dann ausgespuckt, bindet Bakterien und Giftstoffe und hilft so, diese auszuscheiden.

- Pures Kokosöl, das sparsam in die Haut gerieben wird, hilft durch seine Laurinsäure, Zecken und Stechmücken fernzuhalten.

Viele weitere Anwendungen und Rezepte für Kokosöl findest du hier:

🌐 *smarticular.net/kokosoel*

❦ Aloe-vera-Gel ersetzt viele Pflegeprodukte

Aloe-vera-Gel spendet der Haut Feuchtigkeit und wirkt dabei unter anderem antioxidativ, antibakteriell, antiviral und antifungal. Es hemmt Entzündungsprozesse und macht die Haut elastisch. Es verbessert Wundheilung und Regeneration der oberen Hautschichten und reduziert Narben und Dehnungsstreifen.

Deshalb eignet sich Aloe-vera-Gel unter anderem als:

- feuchtigkeitsspendende Pflege bei trockener Haut, Schuppenflechte und Ekzemen
- Haargel und zur Beruhigung der Kopfhaut
- natürliches Rasiergel
- After-Sun-Lotion und gegen Verbrennungen
- natürlicher Make-up-Entferner
- Ersatz für Bodylotion
- zur Linderung von Insektenstichen
- Anti-Aging-Creme für das Gesicht

In Apotheken und Reformhäusern sind häufig kosmetisch aufbereitete Produkte erhältlich, die neben dem Gel weitere Zusätze wie Parfum, Disodium EDTA und synthetische Carbomere (Polyacrylsäure) enthalten. Um diese zu vermeiden, empfiehlt sich ein reines Gel aus nachhaltigem biologischem Anbau, das nur die notwendigsten Zusätze für eine lange Haltbarkeit enthält.

Wer eine Aloe-vera-Pflanze zu Hause hat, kann das Gel selbst gewinnen oder ihre Blätter direkt für einfache Anwendungen nutzen. Um Sonnenbrand zu lindern, wird ein großes Blatt der Pflanze der Länge nach aufgeschnitten und mit der gelartigen inneren Schicht über die verbrannten Stellen gestrichen. Bei Bedarf wiederholen. Die Haut erholt sich nach relativ kurzer Zeit. Der Rest des Blattes hält sich mehrere Tage lang im Kühlschrank.

ALOE-VERA-GEL GEWINNEN

Weil in den Blättern unter anderem Aloin enthalten ist, das zu Empfindlichkeitsreaktionen führen oder Allergien auslösen kann, empfiehlt es sich, daraus mit der nebenstehenden Methode das reine Gel zu gewinnen. Wie das am besten funktioniert, erfährst du hier: ⊕ *smarticular.net/aloe-vera-gel*

❦ Feste Kosmetik

Shampoo, Duschgel, Bodylotion, Deodorants – herkömmliche flüssige Kosmetikprodukte bedürfen in der Regel einer Plastikverpackung, die mit einer wasserfreien Alternative entbehrlich wird, weswegen du öfter zu sogenannter fester Kosmetik als Alternative greifen kannst. Diese wird immer beliebter und ist inzwischen auch in herkömmlichen Drogerien erhältlich.

Feste Körperpflege- und -reinigungsprodukte bestehen meist aus ähnlichen Grundzutaten wie die flüssige Variante – mit dem Unterschied, dass das Wasser erst bei der Anwendung hinzugefügt wird. Pflegeprodukte wie Lotionen oder Deos erhalten durch Pflanzenfett und Wachs die passende Konsistenz. Weil kein Wasser enthalten ist, kommen die Produkte mit einer minimalistischen Verpackung aus und sind zudem lange haltbar. Viele von ihnen gibt es in einer recycelbaren Pappschachtel oder nur mit einer Papierbanderole umhüllt.

Statt sie zu kaufen, lässt sich feste Kosmetik auch einfach selber machen:

⊕ *smarticular.net/feste-kosmetik*

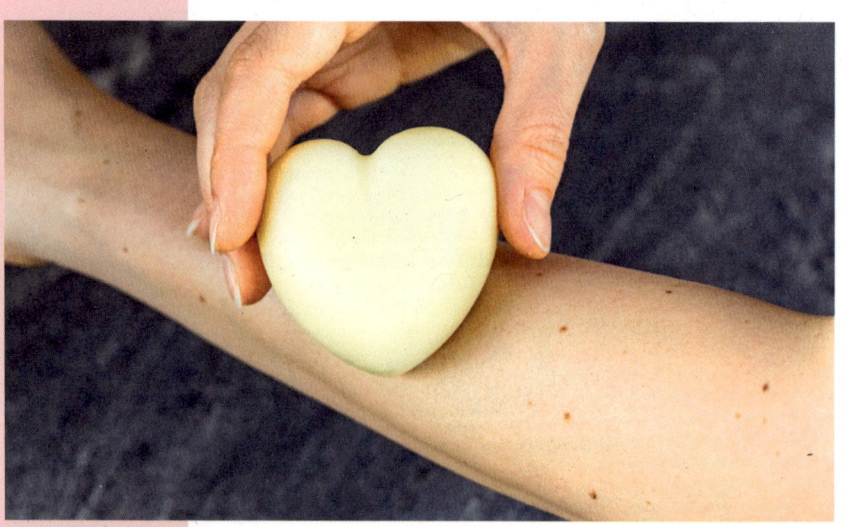

🦶 Peeling ohne Plastik

Von Zeit zu Zeit (maximal einmal pro Woche) tut der Haut ein mechanisches Peeling gut. Statt auf festes Mikroplastik in Form kleiner Kügelchen oder flüssiger Kunststoffe wie Silikone, Acrylate sowie weitere problematische Stoffe zurückzugreifen, die in vielen käuflichen Peeling-Produkten enthalten sind,[14] lassen sich genauso gut selbst gemachte Peelings verwenden.

Von den wirksamsten Zutaten selbst gemachter Peelings hast du sicherlich ohnehin die eine oder andere zu Hause. Geeignet sind unter anderem:

- feines Salz
- Kokosflocken
- feinkörniger Zucker
- Kleie
- feines Getreideschrot

- Haferflocken
- Natron
- Mohnsamen
- Leinsamen
- Kaffeepulver/-satz

Als Trägersubstanz sind Pflanzenöle oder milde Flüssigseife verwendbar. Einfach aus beiden Zutaten einen Brei herstellen, auftragen, sanft einmassieren und abspülen.

---

14 Throl, Christine/Klein, Maren (10.12.2020): Gesichtspeeling-Test: Mikroplastik ist immer noch ein Problem. Online verfügbar unter https://www.oekotest.de/kosmetik-wellness/Gesichtspeeling-Test-Mikroplastik-ist-immer-noch-ein-Problem_11432_1.html (abgerufen am 24.03.2021).

◊ Mehrweg-Kosmetikpads

Ein Umstieg von herkömmlichen Watte- auf waschbare Kosmetikpads lohnt sich schon dadurch, dass die wertvollen Pflanzenfasern in herkömmlichen Wattepads nicht nach einmaliger Verwendung im Müll landen. Du kannst die Mehrwegpads fertig kaufen oder sie gleich selber nähen.

Das funktioniert zum Beispiel sehr gut mit dem Stoff alter Frotteehandtücher oder anderen Stoffresten, wodurch die Pads noch nachhaltiger werden. Für ein selbst genähtes Kosmetikpad mit zwei unterschiedlichen Seiten jeweils aus Frottee und zum Beispiel Hemdenstoff einen Kreis ausschneiden und die Stoffkreise mit der Nähmaschine mit einem Zickzackstich entlang der Kanten zusammennähen. Schon ist das Kosmetikpad mit einer rauen und einer glatten Seite fertig. Alternativ lassen sich die praktischen Helfer aus Wollresten ganz einfach häkeln:

⊕ *smarticular.net/kosmetikpads-haekeln*

◊ Gesichtsmaske aus Küchenzutaten

Eine Extraportion Pflege für die Gesichtshaut muss keinen Verpackungsmüll hinterlassen. Denn statt ein Tütchen mit einer portionierten Gesichtsmaske zu

kaufen, lassen sich zahlreiche Haus- und Naturheilmittel verwenden.

Verwöhne deine Haut zum Beispiel mit einer feuchtigkeitsspendenden Maske aus einem Esslöffel Quark und einem Stück zerkleinerter Salatgurke. Zu einer Paste vermengen und auf das Gesicht auftragen, etwa 15 Minuten einwirken lassen und dann mit viel Wasser abspülen. Viele weitere Grundzutaten und Rezepte für Gesichtsmasken findest du hier:

⊕ *smarticular.net/gesichtsmasken*

❦ Kaffeesatz für die Körperpflege

Kaffeesatz dient nicht nur als nährstoffreicher Dünger im Garten (siehe S. 92), sondern wird wegen des Rubbeleffekts der Körnchen und der durchblutungsfördernden Wirkung des Koffeins auch gern für die Körperpflege eingesetzt. Er gibt zum Beispiel ein effektives Peeling ab, wenn er im Verhältnis 1 : 1 mit Olivenöl zu einer Paste vermischt wird. Dazu die Paste in kreisenden Bewegungen auf die Haut auftragen, kurz einwirken lassen und dann mit Wasser abspülen. Die Haut danach nur trocken tupfen, damit das Öl noch weiter einziehen kann.

Sehr einfach ist auch die Verwendung von Kaffeesatz als vitalisierende Haarspülung: Drei bis vier Esslöffel (je nach Haarlänge auch mehr) Kaffeesatz in die Haare und die Kopfhaut einmassieren, zehn Minuten einwirken lassen und danach gründlich ausspülen.

Viele weitere Ideen, wie sich Kaffeesatz auch anderweitig in Garten und Haushalt und für die Kosmetik einsetzen lässt, kannst du hier nachlesen:

🌐 *smarticular.net/kaffeesatz*

👣 Naturkosmetik bevorzugen

Auf den ersten Blick würde man meinen, dass Naturkosmetik kein Mikroplastik oder andere problematische Zutaten enthält. Doch weil der Begriff nicht einheitlich definiert oder geschützt ist, können auch in Produkten, die als natürlich deklariert sind, fragwürdige Inhaltsstoffe versteckt sein. Anders bei zertifizierter Naturkosmetik: Sie lässt sich in der Regel an einem Siegel auf der Packung erkennen und unterliegt hinsichtlich zugelassener Zutaten und Verarbeitung den Richtlinien der entsprechenden Siegelorganisation.

Zu den bekanntesten und am weitesten verbreiteten Naturkosmetik-Standards gehören:

- BDIH (🌐 *kontrollierte-naturkosmetik.de*)
- COSMOS (🌐 *cosmos-standard.org*)
- Demeter (🌐 *demeter.de*)
- ECOCERT (🌐 *ecocert.com*)
- NATRUE (🌐 *natrue.org*)
- NCCO (🌐 *smar.cc/jc3f*)

Jedem Siegel liegt ein Kriterienkatalog zugrunde, der festlegt, welche Stoffe in den zertifizierten Produkten enthalten sein dürfen und welche nicht. Neben hochwertigen natürlichen Rohstoffen werden bei der Bewertung meist auch eine gute biologische Abbaubarkeit sowie eine umweltfreundliche Verpackung berücksichtigt. Synthetische Stoffe auf Mineralölbasis, worunter auch Mikroplastik fällt, sind hingegen weitgehend ausgeschlossen.

NATURKOSMETIK

Für alle, die es genau wissen möchten, empfiehlt es sich, Körperpflegeprodukte selbst herzustellen. Dabei bedarf es häufig nur weniger Zutaten, und man kann ganz sicher sein, dass keine unerwünschten Inhaltsstoffe enthalten sind. Hier findest du zahlreiche Rezepte von Kopf bis Fuß:
🌐 *smarticular.net/ naturkosmetik-selber-machen*

Körperpflege

❦ Nachhaltiger Sonnenschutz

Während Sonnencreme beim Badeurlaub unsere Haut vor schädlicher UV-Strahlung bewahrt, sind die enthaltenen chemischen Filter, Mikroplastik-Partikel und anderen Substanzen für Seen und die Weltmeere alles andere als zuträglich, weil sie Korallen und anderen Meeresbewohnern schaden und über die Nahrungskette wieder auf unseren Tellern landen können.

Um das Problem zu reduzieren, empfiehlt es sich, eine Creme zu wählen, die keine chemischen Filter, Nanopartikel, Benzophenone und Mikroplastik enthält. Eine Übersicht über Inhaltsstoffe sowie Vor- und Nachteile gibt es hier:

⊕ *smarticular.net/sonnencreme-zutaten*

Unabhängig von der Sonnencreme ist es sinnvoll, den Eigenschutz der Haut auf vielfältige Weise zu unterstützen, zum Beispiel durch eine langsame Sonnengewöhnung bereits im Frühjahr, eine ausgewogene Ernährung mit rotem Gemüse, Pflanzenölen, Hülsenfrüchten und Vollkorngetreide sowie der Verwendung von Aloe-vera-Gel, Apfelessig oder grünem Tee zur Regeneration sonnengereizter Haut.

❦ Seifenstück statt Flüssigseife

Mit einem festen Seifenstück anstelle von Flüssigseife werden die Hände genauso sauber, und es entsteht kaum Verpackungsmüll. Im Handel finden sich Seifen für die unterschiedlichsten Zwecke, zum Beispiel für trockene bis fettige Haut Naturseife, die sich oft sowohl zum Händewaschen als auch zum Duschen eignet. Mit Haarseifen für unterschiedliche Ansprüche von Haar- und Kopfhaut lässt sich darüber hinaus Shampoo einfach ersetzen.

❡ Stofftaschentücher

Früher war das Stofftaschentuch allgegenwärtig, bevor es vom praktischen Papiertaschentuch verdrängt wurde. Dabei reicht in vielen Alltagssituationen die waschbare Variante vollkommen aus. Solche wiederverwendbaren Taschentücher lassen sich sogar aus alten Stoffen herstellen, zum Beispiel aus einem nicht mehr genutzten T-Shirt:

⊕ *smarticular.net/softies-naehen*

STOFFTASCHEN-TÜCHER

In Situationen, in denen aus hygienischen oder praktischen Gründen Einweg-Taschentücher eingesetzt werden, probiere doch mal plastikfreie Taschentuchboxen aus anstelle der kleinen Päckchen aus Kunststofffolie. Es gibt sie ohne Plastikverpackung in vielen Drogerien. Wer möchte, kann eine dazu passende Taschentüchertasche aber auch einfach aus Stoffresten selber nähen:
⊕ *smarticular.net/ taschentuecherta-sche-naehen*

❡ Toilettenpapier aus Recyclingfasern oder Bambus

Genauso praktisch und komfortabel wie mit herkömmlichem Toilettenpapier wird der Besuch des stillen Örtchens mit Klopapier aus Recyclingfasern oder aus dem schnell nachwachsenden Rohstoff Bambus. Denn für ein Einwegprodukt sind Frischfasern, für die Bäume gefällt und verarbeitet werden, viel zu schade.

❂ Feuchtes Toilettenpapier vermeiden

Leicht angefeuchtetes, herkömmliches Toilettenpapier reicht meist aus, um sich nach dem Toilettengang sauber zu fühlen. Alternativ helfen eine Podusche oder ein feuchter Waschlappen bei der gründlichen Reinigung ohne Müll. Auf diese Weise wird feuchtes Toilettenpapier, das sich im Gegensatz zu normalem Klopapier schlecht im Wasser auflöst und die Kanalisation mit Duftstoffen, Parabenen, Tensiden und Konservierungsstoffen belastet, überflüssig.

Für einen zusätzlichen Pflegeeffekt lässt sich ein hautpflegendes Popospray anstelle feuchten Toilettenpapiers aus natürlichen Zutaten selber machen:

⊕ *smarticular.net/popospray*

PODUSCHE STATT PAPIER

Hierzulande weitgehend unbekannt, sind in vielen anderen Ländern Bidets weitverbreitet. Effektiver sind Poduschen. Der kleine Wasserschlauch mit Handbrause lässt sich meist unproblematisch in der Nähe des WCs nachrüsten. Ganz ohne Umbaumaßnahmen lässt sich der Papierverbrauch mit einer manuellen Podusche reduzieren, zum Beispiel von *happypo*.

❂ Monatshygiene: Mehrweg statt Einweg

Als preiswerte, umweltfreundliche und nach Meinung vieler Frauen auch besser verträgliche Alternative zu Wegwerf-Tampons, Einwegbinden & Co. bieten sich zahlreiche Mehrwegprodukte an, die nach der Benutzung gereinigt und über einen langen Zeitraum wiederverwendet werden können.

Menstruationstassen bestehen aus medizinischem Silikon oder Naturkautschuk, werden wie ein Tampon angewendet und regelmäßig ausgekocht. Eine andere Tampon-Alternative sind Naturschwämme oder Mehrweg-Tampons aus Naturfasern. Wegwerfbinden lassen sich durch waschbare Binden und Slipeinlagen aus Stoff oder durch Periodenunterwäsche ersetzen.

⊕ *smarticular.net/damenbinden*

🐾 Rasierseife statt Rasierschaum

Statt mit Schaum aus der Spraydose lässt es sich mit einer pflegenden Rasierseife ebenso gut rasieren. Sie wird einfach mit einem Rasierpinsel aufgeschäumt und unterscheidet sich in ihrer Anwendung und Pflegewirkung nicht vom Spraydosen-Pendant, kommt aber mit erheblich weniger Verpackung aus.

🐾 Rasierhobel statt Einwegrasierer

Mit einem plastikfreien Rasierhobel und langlebigen Klingen fällt beim Rasieren kaum noch Abfall an. Es bedarf zwar etwas Übung, um sich mit dem Werkzeug ebenso sicher zu rasieren wie mit den handelsüblichen Systemrasierern. Da der Hobel aber nahezu ewig hält und die Ersatzklingen sehr preiswert sind, lohnt sich ein Umstieg nicht nur für die Umwelt, sondern auch für den Geldbeutel.

Tipps zu Auswahl und Anwendung eines Rasierhobels:

🌐 *smarticular.net/rasierhobel*

👣 Baden oder duschen?

„Lieber duschen statt baden" lautet eine weitverbreitete Empfehlung, um Wasser zu sparen (siehe S. 124). Ganz so einfach ist die Rechnung aber nicht. Denn ab einer Duschdauer von zehn Minuten steigt der Wasserverbrauch auf eine vergleichbare Menge wie bei einem Vollbad an.[15] Wer gern gelegentlich badet, kann den erhöhten Wasserverbrauch also beispielsweise durch kurze Duschzeiten ausgleichen.

Nicht nur der Umwelt, auch der Hautgesundheit kommt kurzes und selteneres Duschen und Baden zugute. Denn häufiges (vor allem sehr heißes) Duschen und Baden entfernt nicht nur Schmutz, sondern beeinträchtigt auch die natürliche Schutzfunktion der Haut. Aus dermatologischer Sicht empfiehlt es sich deshalb ohnehin, nicht mehr als zwei- bis dreimal wöchentlich zu duschen[16] – am besten in Kombination mit einer täglichen „kleinen Wäsche", die sich nach Bedarf zum Beispiel auf Achseln und Intimbereich beschränkt.

---

15 WEMAG AG (Hrsg.) (22.08.2020): Wasserverbrauch beim Duschen, Baden, Waschen: So können Sie Wasser sparen. Online verfügbar unter https://www.wemag.com/ energiesparberatung/wasserverbrauch-duschen-baden-waschen (abgerufen am 24.03.2021).
16 Schrör, Sabine (16.02.2021): Richtig duschen. Online verfügbar unter https://www. netdoktor.de/hautpflege/richtig-duschen/ (abgerufen am 24.03.2021).

 Körperpflege – weniger ist mehr

Seife, Gesichtswasser, Cremes und Lotionen – es gibt zahlreiche Mittel, die uns zu einer schönen Haut verhelfen
sollen. Mitunter bewirken sie aber das genaue Gegenteil,
indem sie die natürliche Schutzfunktion der Haut stören
und auf Dauer austrocknend oder reizend wirken. Deshalb
lässt sich nach dem Motto „Weniger ist mehr" bei der Körperpflege nicht nur Geld sparen, sondern gleichzeitig die
Umwelt schonen.

Statt vieler, teilweise teurer Kosmetikprodukte kannst du
mit den folgenden Tipps etwas für deine Haut tun – ganz
ohne Nebenwirkungen:

- ausreichender Schlaf

- ausreichende Flüssigkeitszufuhr

- die Haut durch sanftes Bürsten stimulieren

- die Haut öfter mal kalt waschen

- ausgewogene Ernährung mit viel frischem Gemüse und Vollkorn

Weniger Körperpflegeprodukte

Jede Haut ist anders und verändert sich auch immer wieder
im Laufe des Lebens. Betrachte deshalb die Tipps als Anre-
gung, dich einmal etwas genauer mit deiner Haut zu befas-
sen. Nur so findest du heraus, was ihr und dir jenseits der
zahllosen Versprechen der Kosmetikindustrie wirklich guttut.

☙ Deo ohne Müll

Anstelle eines Deosprays oder Roll-on-Deos aus der Drogerie schützt ein selbst gemachtes Deodorant ebenso gut vor unangenehmen Körpergerüchen. Beispielsweise wird durch Natron die Vermehrung geruchsbildender Bakterien gehemmt, und schlechte Gerüche werden neutralisiert, ohne die wichtige Körperfunktion des Schweißflusses zu unterbinden. Besonders einfach lässt sich ein Deo selber machen, indem du eine für dich bewährte Hautcreme mit wenigen Handgriffen in eine Deocreme verwandelst. Du brauchst dafür lediglich:

> **1 Teil** feines Natronpulver
>
> **2 Teile** Hautcreme

So wird's gemacht:

1. Einen Glastiegel desinfizieren (zum Beispiel mit Alkohol oder kochendem Wasser) und trocknen lassen.

2. Hautcreme in den Tiegel geben.

3. Natron dazugeben und gründlich verrühren.

Die Deocreme ist sofort einsatzbereit: Einfach eine erbsengroße Menge auf den Finger geben und im Achselbereich verreiben – fertig!

Hier findest du viele weitere Deorezepte mit und ohne Natron:

🌐 *smarticular.net/deo-rezepte*

✔ Mikroplastik in Kosmetikprodukten vermeiden

Wer Mikroplastik in Kosmetikprodukten erkennt, kann viel besser nach plastikfreien Alternativen Ausschau halten. Das ist aber gar nicht mal so leicht! Denn Mikroplastik bezeichnet einerseits feste Plastikpartikel mit einer Größe von wenigen Nanometern bis zu fünf Millimetern und andererseits auch flüssige Kunststoffe. Weil immer wieder neue Entwicklungen hinzukommen, ist es kaum möglich, eine vollständige Liste aller Mikroplastik-Varianten zu erstellen.

Die nebenstehende Tabelle listet in Kosmetikprodukten besonders häufig verwendetes Mikroplastik auf.[17]

17 Bund für Umwelt und Naturschutz Deutschland e. V. (BUND) (Hrsg.) (2020): MIKROPLASTIK und andere Kunststoffe in Kosmetika. Der BUND-Einkaufsratgeber. Online verfügbar unter https://www.bund.net/fileadmin/user_upload_bund/publikationen/meere/meere_mikroplastik_einkaufsfuehrer.pdf (abgerufen am 24.03.2021); Greenpeace e. V. (Hrsg.) (o. J.): Plastik in Kosmetik. Deutsche Hersteller im Check. Online verfügbar unter https://www.greenpeace.de/sites/www.greenpeace.de/files/publications/20170412-greenpeace-plastik-kosmetik-firmenabfrage.pdf (abgerufen am 24.03.2021).

Wenn du in der Zutatenliste eines Produkts eine der genannten Namen oder Kurzbezeichnungen entdeckst, empfiehlt es sich, nach einer plastikfreien Alternative Ausschau zu halten.

Vollständige Bezeichnung	Kurzbezeichnung
Acrylates Copolymer	AC
Acrylates Crosspolymer	ACS
Nylon-6	Nylon-6
Nylon-12	Nylon-12
Polyamide	PA
Polyacrylate	PAK
Polyethylen	PE
Polyethylene glycol	PEG
Polyethylenterephthalat	PET
Polymethylmethacrylat	PMMA
Polypropylen	PP
Polypropylene glycol	PPG
Polystyren	PS
Polytetrafluorethylen (Teflon)	PTFE
Polyurethan	PUR
Polyquaternium	PQ

🐾 Badezusätze aus Küchenzutaten

Statt sie im Portionsbeutel oder im Kunststoffflakon zu kaufen, lassen sich Badezusätze leicht und müllarm selber machen. Neben klassischem Meersalz eignen sich dafür Heilkräuter, Pflanzenöle, Milch- und Getreideprodukte sowie ätherische Öle und säurehaltige Zutaten wie Zitronensaft oder Apfelessig.

Für ein duftendes Badesalz benötigst du folgende Zutaten:

2 Tassen	Meersalz
2 EL	Natron
15 Tr.	ätherisches Öl
1 EL	Pflanzenöl (optional)
1–2 EL	Blüten und Kräuter für die Optik und noch mehr Duft (optional)

So einfach lässt sich Badesalz selber machen:

1. Eine Hälfte des grobkörnigen Badesalzes im Mörser zerkleinern. Das gemörserte Salz mit dem groben in einem Schraubglas mischen.

2. Das Pflanzenöl über das Salz träufeln. Wer nicht zu trockener Haut neigt, braucht das Öl wahrscheinlich gar nicht.

3. Eine Auswahl ätherischer Öle auf das Salz tropfen, das Glas verschließen und kräftig schütteln, sodass sich die Öle gut mit dem Salz vermischen. Das Gemisch am besten über Nacht ruhen lassen, damit die ätherischen Öle und ggf. das Pflanzenöl in das Salz einziehen können.

4. Am nächsten Tag die restlichen Zutaten ins Schraubglas geben und alles durch Schütteln gründlich mischen.

Für ein Vollbad benötigst du etwa 100 Gramm des Badesalzes. Viele weitere Zutaten und Rezeptideen findest du hier:

⊕ *smarticular.net/badezusaetze*

Mundhygiene

✔ Holz- oder Bambuszahnbürsten

Zahnbürsten werden aus hygienischen Gründen früher oder später ersetzt. Mit einem Umstieg auf eine Holz- oder Bambuszahnbürste lässt sich auf Dauer entsprechend viel Plastikmüll einsparen. Dabei lohnt es sich, verschiedene Produkte zu vergleichen und darauf zu achten, dass sowohl der Griff als auch die Borsten aus umweltfreundlichem und schadstofffreiem Material bestehen. Denn während viele Holzzahnbürsten nach wie vor mit herkömmlichen Nylonborsten ausgestattet sind, gibt es immer mehr Hersteller, die auch hier auf biologisch abbaubare Materialien setzen. Egal für welche Zahnbürste du dich entscheidest, ausgediente Exemplare sind zu schade für die Tonne, denn sie machen sich noch auf vielfältige Weise nützlich.

⚘ Zahnseide ohne Plastik

Auch Zahnseide ist anstelle des üblichen Materials Nylon in einer plastikfreien Variante erhältlich. Manche Produkte verfügen über eine Mehrwegverpackung aus Glas oder einen Spender aus Pappe. Als biologisch abbaubare Materialien werden unter anderem echte Seide und Maisstärke genutzt. Probiere am besten aus, welches Produkt für dich am besten funktioniert, denn Zahnseide soll nicht nur möglichst umweltfreundlich sein, sondern vor allem ihren Zweck erfüllen. Alternative Produkte finden sich in Unverpackt-Läden und Bioläden, aber auch zunehmend in Drogerien und Supermärkten.

⚘ Umweltfreundliche Interdentalbürsten

Sogar Interdentalbürsten gibt es mittlerweile in einer umweltfreundlichen Variante, bei der der Griff aus Bambus statt Plastik besteht – zum Beispiel vom Hamburger Hersteller *hydrophil* oder dem schwedischen Unternehmen *The Humble Co.* (⊕ *thehumble.co*).

💧 Zahnpulver oder Zahnputztabletten statt Zahnpasta

Um bei der Zahnhygiene Verpackungsmüll zu sparen, empfiehlt sich ein Umstieg auf Zahnpulver (z. B. von *Birkengold*) oder Zahnputztabletten (z. B. von *denttabs*). Erhältlich sind sie beispielsweise in Unverpackt-Läden zum Selbstabfüllen oder im umweltfreundlichen Schraubglas.

Wer möchte, kann ein effektives Zahnputzpulver aus drei natürlichen Zutaten auch ganz einfach selber machen. Das wird benötigt:

3 EL	Schlämmkreide
1 EL	Xylitol (Birkenzucker)
1 EL	Natron (siehe S. 154)
bis zu 10 Tr.	ätherisches Pfefferminzöl, das für die innerliche Anwendung zugelassen ist (optional)

So stellst du das Zahnpulver her:

1. Die pulverförmigen Zutaten in ein flaches Schraubglas geben, verschließen und schütteln. Das Gemisch eventuell mit einem Mörser oder in einer Gewürzmühle fein pulverisieren, falls einzelne Bestandteile noch zu grobkörnig sein sollten.

2. Bei Bedarf noch ätherisches Öl eintropfen und erneut schütteln.

Schon ist das Zahnpulver fertig und kann sofort verwendet werden. Dafür eine kleine Menge des Pulvers auf die feuchte Zahnbürste geben – entweder die Bürste ins Pulver drücken oder mit einem kleinen Löffel oder ähnlichem portionieren – und wie gewohnt putzen. Da Kinder empfindlicher auf ätherische Öle reagieren als Erwachsene, empfiehlt es sich, bei einem Zahnputzpulver für Kinder auf die Zugabe ätherischer Öle zu verzichten.

Garten und Balkon

🦶 Bananenschalen verwerten

Bananenschalen stecken noch voller wertvoller Inhaltsstoffe und sind deshalb viel zu schade für die Restmülltonne. Statt sie im Biomüll oder auf dem Kompost zu entsorgen, lassen sich die Überreste auf viele weitere Arten nutzen – zum Beispiel, um daraus ein mineralstoffreiches Düngepulver für Zimmerpflanzen herzustellen.

Dafür die Bananenschalen mit einem Messer grob zerteilen und dann im Mixer zerkleinern oder mit dem Messer sehr fein hacken. Die Schalenstückchen am besten auf einem Geschirrtuch ausbreiten und einige Tage durchtrocknen lassen. Gelegentlich wenden, um Schimmel zu vermeiden. Beim Trocknen werden die Stückchen braun und verschrumpeln, sodass ein krümeliges, erdfarbenes Pulver entsteht. Das fertige Pulver dient als kostenloser Zimmerpflanzendünger und wird zu diesem Zweck auf die Pflanzerde gestreut oder grob in die oberste Erdschicht eingearbeitet und anschließend gegossen.

Noch mehr Tipps für Bananenschalen:

🌐 *smarticular.net/bananenschalen*

✔ Eierschalen als Dünger verwenden

Eierschalen enthalten Calcium und auch viele weitere wertvolle Mikronährstoffe wie Fluor, Kupfer, Eisen, Mangan, Molybdän, Phosphor, Schwefel, Zink und Silizium. Statt die Schalen einfach zu entsorgen, lassen sie sich fein zerbröselt als Dünger für Beet- und Topfpflanzen verwenden. Im Haushalt helfen sie zudem als natürliches Scheuermittel, Verkrustungen in Töpfen zu lösen oder Trinkflaschen zu reinigen.

Viele weitere nützliche Ideen mit Eierschalen:

⊕ *smarticular.net/eierschalen*

✔ Insektenfreundlich gärtnern

Viele der am häufigsten angebauten Kulturpflanzen sind auf eine Fremdbestäubung angewiesen. Dabei spielen nicht nur Honigbienen, sondern auch Wildbienen, Hummeln, Schwebfliegen und andere Insekten eine wichtige Rolle. Wer über einen eigenen Garten oder Balkon verfügt, hat zahlreiche Möglichkeiten, Nisthilfen und Nahrungsquellen für diese nützlichen Insekten zu schaffen und so einen Beitrag gegen das Insektensterben zu leisten.

Wiese statt Rasen, insektenfreundliche Stauden, Trockenmauern, Insektenhotels und sichere Wasserstellen lassen sich oft schon mit wenig Aufwand in den Garten integrieren und schaffen wertvolle Lebensräume. Auch auf dem Balkon sorgen heimische nektargefüllte, offene Blüten von Astern, Glockenblumen, Phacelia und Schafgarbe schnell für geschäftiges Treiben.

⊕ *smarticular.net/bienenbalkon*

INSEKTENHOTEL

Viele Insektenhotels, die man in Baumärkten kaufen kann, sind falsch konstruiert und können den potenziellen Bewohnern mehr schaden als nutzen. Informiere dich deshalb lieber im Fachhandel wie beispielsweise bei ⊕ *wildbiene.com* oder ⊕ *aktiongruen.de*. Nützliche Insektenbehausungen kannst du aber auch leicht selber bauen. ⊕ *smarticular.net/ insektenhotel*

❦ Wildbienen unterstützen

Ungefähr drei Viertel aller heimischen Wildbienenarten nisten im Boden. Um sie zu unterstützen, empfiehlt es sich, zusätzlich zu den zuvor beschriebenen Maßnahmen an regengeschützter Stelle im Garten kleine Sand- und Lehmflächen frei zu halten. Ein mit Sand oder einem Lehm-Sand-Gemisch gefüllter Blumenkasten oder -topf wird als Nistplatz ebenfalls gern angenommen.[18]

❦ Mit Wespen koexistieren

Wespen können ganz schön nervig sein, erfüllen aber einen wichtigen Zweck. Denn ein einziges Volk verspeist bis zu mehrere Tausend Insekten pro Tag – darunter Mücken, Raupen und andere Schädlinge. Statt sie mit Sprays und tödlichen Fallen zu bekämpfen, helfen etwas Gelassenheit und einfache Hausmittel, die Tiere auf Distanz zu halten, damit sie weiter ihrer wertvollen Arbeit nachgehen können.

Eine Duftmischung aus Nelke und Zitrone hält Wespen beispielsweise auf sanfte Weise fern. Dazu wird entweder eine Zitrone in Scheiben geschnitten und mit getrockneten Nelken gespickt oder ein Schälchen mit Nelken mit ein paar Tropfen ätherischem Zitronenöl beträufelt. Auch glimmender Kaffeesatz hilft, Wespen zu vertreiben, indem er in einer feuerfesten Schale gesammelt und angezündet wird.

---

18 Westrich, Paul (2005–2021): Verbesserung der Nistmöglichkeiten, Teil 5: Nisthilfen für im Erdboden nistende Arten. Online verfügbar unter https://www.wildbienen. info/artenschutz/nisthilfen_06.php (abgerufen am 25.03.2021).

👣 Vogelfreundlich gärtnern

Auch Vögel leisten einen wichtigen Beitrag in unserem Ökosystem, denn sie helfen beispielsweise, diverse Schädlinge in Schach zu halten. Um dem Bestandsrückgang dieser schönen und flinken Geschöpfe entgegenzuwirken, kannst du einiges tun, indem du auf bestimmte Pflanzen in deinem Garten setzt.

Während die weitverbreitete Vogelfütterung (im Winter oder ganzjährig) einigen wenigen Vogelarten zugutekommt, lassen sich mit heimischen Stauden und Sträuchern im Garten weitaus mehr Vögel unterstützen.[19] So bieten Eberesche (auch als Vogelbeere bekannt), Felsenbirne, Kornelkirsche, Schwarzer Holunder und Weißdorn zahlreichen Vogelarten Nahrung und Unterschlupf. Später im Jahr liefern etwa Sonnenblumen, Ringelblumen und Disteln nahrhafte Samen.

👣 Schädlinge natürlich bekämpfen

Die meisten Schädlinge und Pflanzenkrankheiten lassen sich mit sanften Hausmitteln wie beispielsweise Schmierseife oder mit pflanzlichen Auszügen und Brühen aus Brennnesseln, Tomatenblättern & Co. bekämpfen. So ist es gar nicht notwendig, giftige Pflanzenschutzmittel einzusetzen, die ebenfalls zum Rückgang nützlicher Insekten beitragen. Allein in Privatgärten werden hierzulande pro Jahr über 500 Tonnen Pestizide eingesetzt,[20] die mit natürlichen Mitteln vermieden werden könnten.

Auch Nützlinge wie Vögel, Igel, Spinnen, Marienkäfer etc. helfen, Schädlinge auf natürliche Art fernzuhalten. Eine gezielte Mischkultur und Fruchtfolge trägt zudem zu einer Stärkung der Pflanzen bei und macht sie weniger anfällig.

NATÜRLICH GÄRTNERN

Hier findest du detaillierte Tipps, welche Pflanzen einander gegen Fressfeinde helfen, wie Nützlinge angesiedelt werden können und wie man ein natürliches Pflanzenschutzmittel selber macht:

🌐 *smarticular.net/pflanzen-gegen-schaedlinge*
🌐 *smarticular.net/ nuetzlinge*
🌐 *smarticular.net/ pflanzenschutzmittel*

---

19 Carstens, Peter (19.01.2021): Diese Sträucher sollten Sie im Garten haben, wenn Sie Vögel lieben. Online verfügbar unter https://www.geo.de/natur/tierwelt/23825-rtkl-vogelfreundlich-pflanzen-diese-straeucher-sollten-sie-im-garten-haben-wenn (abgerufen am 25.03.2021).
20 Bund für Umwelt und Naturschutz Deutschland e.V. (BUND) (hrsg.) (o. J.): Pestizide im Garten: Gift aus dem Baumarkt. Online verfügbar unter https://www.bund.net/umweltgifte/pestizide/haus-und-kleingaerten (abgerufen am 25.03.2021).

❦ *„Unkräuter"* nutzen statt bekämpfen

Wer sich einmal genauer mit vermeintlichen *Unkräutern* beschäftigt, wird wahrscheinlich die zutreffenderen Bezeichnungen *Beikräuter* oder *Wildkräuter* bevorzugen. Denn zahlreiche wild wachsende Pflanzen sind alles andere als unnütz. Ganz im Gegenteil enthalten sie häufig viel mehr gesunde Vitalstoffe als ihre kultivierten Verwandten und lassen sich wunderbar in der Küche, zur Herstellung von Naturheilmitteln oder als Grundlage für natürliche Dünge- und Schädlingsbekämpfungsmittel verwenden.

Aus Brennnesseln lässt sich beispielsweise Brennnesseljauche herstellen, einen nährstoffreichen Dünger für starkzehrende Pflanzen.

Es werden benötigt:

- Brennnesseln
- Wasser (am besten Regenwasser)
- ein großes Gefäß aus Plastik oder Emaille mit Deckel
- ein Stock zum Rühren
- eventuell Handschuhe und eine Schere

Der Sud ist schnell angesetzt. Bis daraus durch Vergären Jauche entstanden ist, dauert es je nach Temperatur und Sonnenschein etwa zwei Wochen. So geht's:

1. Für den Behälter einen etwas abgelegenen, möglichst sonnigen Platz im Garten aussuchen, weil sich bei der Gärung unangenehme Gerüche bilden können.

2. Den Behälter etwa zur Hälfte mit Brennnesseln füllen.

3. Die Brennnesseln mit Wasser übergießen, sodass die Pflanzenteile gut bedeckt sind.

4. Die Mischung mit einem Stock gut durchrühren und das Gefäß dann mit einem Deckel oder Brett abdecken, aber nicht luftdicht verschließen.

5. Die Jauche gären lassen und alle ein bis zwei Tage umrühren. Die Jauche schäumt oder blubbert währenddessen. Auftretender Geruch lässt sich mindern, indem die Jauche mit Gesteinsmehl (aus dem Gartenfachmarkt) bestreut wird.

6. Nach etwa zwei Wochen, wenn keine Blasen mehr zu sehen sind, ist der Brennnesseldünger fertig. Die fertige Jauche durch ein Sieb oder Tuch abseihen. Die Pflanzenreste können auf den Kompost gegeben werden.

Verwende den flüssigen Dünger im Gießwasser in einer Verdünnung von etwa 1 : 20 und gieße damit den Boden rund um Gemüsepflanzen. Wichtig: Nicht auf die Blätter gießen, das könnte der Pflanze schaden. Lass noch ein paar Pflanzen stehen, denn Brennnesseln gehören zu den bevorzugten Nahrungspflanzen für Schmetterlingsraupen.

♥ Küchenabfälle in Humus verwandeln

Die meisten Küchenabfälle sind zwar nicht (mehr) schmackhaft, enthalten aber noch viele wertvolle Nährstoffe, weshalb sie als natürlicher Dünger im Garten besser aufgehoben sind als in der Biotonne. Dabei gibt es neben dem klassischen Komposthaufen noch andere platzsparende Möglichkeiten, um Küchenabfälle in nährstoffreiche Erde zu verwandeln.

Der aus Japan stammende Küchenkomposter *Bokashi* basiert auf dem Prinzip der Fermentierung, was den Vorteil hat, dass der Prozess weitestgehend geruchlos abläuft. Dazu werden die organischen Abfälle zusammen mit speziellem Bokashi-Ferment, das reich an Mikroorganismen ist, in einen luftdichten Behälter geschichtet. Nach wenigen Wochen erhält man einen hoch konzentrierten Flüssigdünger und halbreifen Bokashi-Kompost, der im Beet oder Balkonkasten genutzt werden kann. Weitere Details erfährst du hier:

⊕ *smarticular.net/bokashi*

Alternativ zersetzen ein paar fleißige Mitbewohner die organischen Abfälle in einer Wurmkiste zu wertvollem Humus. Eine fertige Wurmkiste für den Balkon oder die Wohnung gibt es bei Anbietern wie ⊕ *wurmwelten.de* und ⊕ *wurmkiste.at*. Mit etwas Geschick lässt sich ein solches Wurmzuhause auch selber bauen:

⊕ *smarticular.net/wurmkiste*

❦ Küchenabfälle direkt im Garten verwerten

Viele biologische Abfälle lassen sich auch ohne den zeitintensiven Umweg der Kompostierung gleich zum Düngen verwenden:

- Über eine regelmäßige Gabe an Kaffeesatz freuen sich viele Pflanzen, unter anderem Rosen, Rhododendren und Azaleen. Einfach ein wenig Kaffeesatz um die Wurzeln herum ausstreuen und leicht in den Boden einarbeiten (siehe S. 92).

- Im Kochwasser von Gemüse und Kartoffeln bleiben zahlreiche Nährstoffe zurück. Statt es wegzuschütten, lässt es sich als Flüssigdünger verwenden. Allerdings sollte es vollständig abkühlen und außerdem kein Salz enthalten, das den Pflanzen eher schadet als nutzt.

- Auch Zwiebelschalen eignen sich als Biodünger: Mit heißem Wasser überbrühen, ein paar Minuten ziehen lassen und durch ein Sieb abgießen. So erhältst du einen kostenlosen Flüssigdünger.

- Gebrauchte Teebeutel (siehe S. 50) und loser Teesatz enthalten noch viele Nährstoffe. Deshalb gehört Tee ebenfalls eher ins Beet als in die Tonne.

- Eierschalen sind ein guter Kalkspender, sie verbessern den Boden und fördern die Nährstoffaufnahme der Pflanzen, wenn sie zu einem Flüssigdünger verarbeitet werden (siehe S. 85).

- Auch Bananenschalen geben ein natürliches Düngemittel ab. Am schnellsten geht es, wenn man die Schale zerkleinert und direkt in die Erde einarbeitet. Alternativ lässt sich daraus ein haltbares Düngepulver herstellen (siehe S. 84).

🌐 smarticular.net/duenger

🌱 Kaffeesatz im Garten verwenden

Kaffeesatz ist nicht nur eine wertvolle Zutat für den Kompost, er lässt sich auch als natürliches Mittel gegen Schädlinge, als Mulchmaterial und als Düngemittel nutzen. Es lohnt sich, wenn du ihn In kleinen Mengen direkt in Beete und Pflanztöpfe streust und etwas in die Erde einarbeitest. Gurken, Tomaten, Zucchini und Beerensträucher, aber auch Rosen, Geranien und Hortensien freuen sich besonders über eine Düngung mit Kaffeesatz.

Im Beet schreckt das aromatische Pulver Schnecken ab und sorgt auch dafür, dass sich Ameisen ein anderes Plätzchen suchen. Läuse lassen sich mit einem Sud aus Wasser und Kaffeesatz vertreiben, wenn befallene Blätter damit eingesprüht werden. Viele weitere Tipps für Kaffeesatz im Garten:

🌐 *smarticular.net/kaffeesatz-im-garten*

🌱 Rasenschnitt, Laub & Co. verwerten

Baum- und Heckenschnitt, Rasenschnitt und Laub fallen im Klein- und Hausgarten regelmäßig an. Statt sie über die Biotonne zu entsorgen, probiere doch mal, die wertvollen Materialien noch auf vielfältig Weise zu nutzen, um den Boden zu düngen und zu mulchen.

Ein Häcksler, der sich mit Nachbarn teilen (siehe S. 212) oder in Baumärkten für wenig Geld ausleihen lässt, verwandelt dünne Äste und Zweige in feine Häcksel, die im Hochbeet langsam ihre Nährstoffe freigeben oder sich eignen, um unversiegelte Gartenwege anzulegen. Rasenschnitt kann, etwas angewelkt, als schützende Mulchschicht direkt aufs Beet gegeben werden oder wird alternativ zu einem stickstoffreichen Flüssigdünger verarbeitet. Dazu werden ähnlich wie bei der Brennnesseljauche (siehe S. 88) je ein Kilo frische Pflanzenteile mit zehn Litern Wasser bedeckt, für circa 14 Tage an einem warmen Ort stehen gelassen und während des Gärvorgangs mehrmals täglich umgerührt.

🐾 Torf im Moor lassen

TORF

Wichtig: Auch als „bio" ausgewiesene Produkte können Torf enthalten. Torffreie Pflanzerde ist in der Regel gut sichtbar mit dem Hinweis „torffrei" oder „ohne Torf" gekennzeichnet.

Moore gehören zu den effektivsten Kohlendioxid-Speichern der Erde,[21] gehen aber durch landwirtschaftliche Nutzung und Torfabbau immer mehr verloren. Wer einen Garten oder Balkon besitzt und regelmäßig Pflanzerde benötigt, trägt zum Schutz der Moore bei, indem er sich für torffreie Produkte entscheidet. Denn herkömmliche Blumen- und Pflanzerde besteht häufig zum Großteil aus dem wertvollen Torf.

🐾 Regenwasser auffangen und nutzen

Regenwasser ist von Natur aus kalkarm und eignet sich für viele Gartenpflanzen besser als Leitungswasser. Zudem steht es kostenlos zur Verfügung und spart aufwendig aufbereitetes Trinkwasser ein. Deshalb sprechen gleich mehrere Gründe dafür, eine Regentonne aufzustellen und das wertvolle Nass zum Gießen oder zum Herstellen von Jauchen (siehe S. 88) zu verwenden.

---

21 Elsner, Christine (09.08.2019): Speichern riesige Mengen CO2 – Klimaschutz braucht Moore. Online verfügbar unter https://www.zdf.de/nachrichten/heute/klimaschutz-braucht-moore-aber-moore-werden-weltweit-trocken-gelt-klimaerwaermung-wird-verstaerkt-100.html (abgerufen am 25.03.2021).

❦ Effizient gießen

Zwar ist es in unseren Breiten bislang in den meisten Regionen nicht notwendig, intensiv Wasser zu sparen, da die genutzte Menge weit unterhalb der Grenze von 20 Prozent der natürlichen erneuerbaren Wassermenge liegt, ab der man von Wasserstress spricht.[22] Dennoch gehört ein bewusster Umgang mit der wertvollen Ressource zum ökologischen Gärtnern dazu. Gleichzeitig ist es eine gute Möglichkeit, Geld zu sparen und den Arbeitsaufwand zu reduzieren.

Völlig kostenlos und dabei auch noch weich und passend temperiert, eignet sich aufgefangenes Regenwasser (siehe S. 94) besonders gut zum Gießen. Am besten wird insbesondere in der heißen Jahreszeit morgens oder abends gegossen, damit möglichst wenig Wasser ungenutzt verdunstet. Und während junge Setzlinge noch häufig mit Wasser versorgt werden müssen, empfiehlt es sich bei älteren Pflanzen, seltener und dafür intensiver zu gießen, damit das Wasser auch in tiefere Erdschichten vordringt, die Pflanzen infolgedessen tiefer wurzeln und sich auf diese Weise besser selbst mit Wasser versorgen. Mehr Tipps zum effizienten Gießen und Wassersparen im Garten:

🌐 *smarticular.net/effizient-giessen*

---

22 Umweltbundesamt (Hrsg.) (16.04.2019): Indikator: Nutzung der Wasserressourcen. Online verfügbar unter https://www.umweltbundesamt.de/daten/umweltindikatoren/indikator-nutzung-der-wasserressourcen (abgerufen am 25.03.2021).

 Gründüngung

Mit einer Gründüngung, also einer Vor- oder Nachkultur aus schnell wachsenden Grünpflanzen, lassen sich Ressourcenverbrauch, Kosten und Verpackungsmüll für Dünger und frische Erde erheblich reduzieren. Gründüngung schützt zudem den Boden vor Erosion, versorgt ihn mit Nährstoffen und unterstützt gleichzeitig nützliche Bodenlebewesen und Bestäuber.

Je nachdem, was erreicht werden soll, eignen sich unterschiedliche Gründüngerpflanzen besonders gut oder erfüllen gleich mehrere Aufgaben:

- Gelbsenf und Phacelia unterdrücken unter anderem Beikräuter.

- Blauer Lein und Rotklee dienen der allgemeinen Bodenverbesserung.

- Ackerbohne und Zottelwicke gehören zu den Stickstoffsammlern.

Eine Gründüngung unterscheidet sich kaum von der Aussaat herkömmlicher Gemüsepflanzen oder Blumen. So gehst du vor:

1. Beetflächen auflockern und von störenden Pflanzenresten und Wurzeln befreien.

2. Samen der Gründüngerpflanzen breitwürfig verteilen, eventuell leicht einharken und bis zur Keimung feucht halten.

3. Kurz bevor neue Samenkapseln reifen, das Grün abmähen und als Mulchschicht auf dem Beet liegen lassen oder in den Boden einarbeiten.

Viele Tipps und Details zur Gründüngung im Garten findest du hier:

⊕ *smarticular.net/gruenduengung*

🌱 Gärtnern ohne Garten

Wer keinen eigenen Garten vor der Haustür hat, braucht deshalb nicht auf das Gärtnern und die damit verbundenen positiven Effekte zu verzichten. Denn neben traditionellen Kleingärten gibt es eine ganze Reihe alternativer Möglichkeiten, sich gärtnerisch auszuleben.

Sogenannte Mietbeete erfreuen sich wachsender Beliebtheit und sind deutschlandweit zu finden. Zu den Pionieren gehören *Ackerhelden* und *meine ernte*, darüber hinaus gibt es viele weitere kleinere Anbieter – vielleicht ja auch in deiner Region. Mietbeete sind insbesondere für Neulinge interessant, weil sie die Möglichkeit bieten, das Gärtnern erst einmal auf einer begrenzten Fläche für eine Saison auszuprobieren.

Wer lieber gemeinsam werkelt, kann sich in einem Gemeinschaftsgarten engagieren. Hierbei geht es häufig nicht nur darum, einen Nutzgarten anzulegen, sondern auch um aktiven Tier- und Pflanzenschutz. Klein, aber oft gar nicht so fein, sind städtische Baumscheiben, die nur darauf warten, gepflegt und insektenfreundlich bepflanzt zu werden (siehe S. 102).

SAMENBOMBEN

Samenbomben helfen, im urbanen Raum für mehr Grün und insektenfreundliche Pflanzen zu sorgen. Die kleinen Pflanzhilfen lassen sich auch ganz leicht selber machen: 🌐 *smarticular.net/ samenbomben*

🦶 Gemüse auf dem Balkon

Wer keinen eigenen Garten hat, verfügt womöglich über einen Balkon. Nicht nur für klassische Balkonkästen und Kübel mit Blumen, sondern auch zum Anbau von Gemüse, Obst und frischen Kräutern eignet sich fast jeder Balkon. Tomaten, Salatgurken und Pflücksalat gedeihen auf kleiner Fläche genauso gut wie im Beet. Sogar Kartoffeln lassen sich in einem großen Topf oder Eimer anbauen. Zum Gießen und Ernten sind es nur ein paar Schritte – regionaler geht es kaum.

Für mehr Ertrag auf kleinem Raum empfiehlt es sich, auf dem Balkon auch die Wände und das Geländer zu nutzen und vertikal zu gärtnern. Dafür eignen sich zum Beispiel Europaletten, ein ausgedienter Schuhschrank oder eine Leiter, die an den Wänden aufgestellt und mit Töpfen oder Pflanztaschen versehen von oben bis unten bepflanzt werden. Zur Anleitung für selbst genähte Pflanztaschen aus einer alten Jeans:

🌐 *smarticular.net/pflanztaschen*

🦶 Naschgarten auf dem Balkon

Ein großer Balkon lässt sich regelrecht in einen Naschgarten verwandeln, in dem Gemüse, Beeren und sogar Säulenobst gedeihen. Erdbeeren, Physalis und Blaubeeren fühlen sich auch im Kübel wohl und können besonders einfach mit der optimalen Erde und den richtigen Nährstoffen versorgt werden. Säulenobst hat einen schlanken Wuchs und eignet sich deshalb gut für den Anbau auf kleiner Fläche. Balkontomaten wachsen kompakt und kommen ebenfalls mit wenig Platz aus. Mehr Ideen für den eigenen Naschbalkon:

🌐 *smarticular.net/naschbalkon*

🦶 Kräutergarten auf der Fensterbank

Für die Selbstversorgung mit Küchen- und Teekräutern bedarf es noch nicht einmal eines Balkons. Denn viele Sorten lassen sich auch hervorragend auf der Fensterbank anbauen. Für die Aufzucht am Fenster sind Küchenkräuter wie Basilikum, Dill, Kresse, Oregano, Petersilie, Schnittlauch und Thymian geeignet. Auch einige Teekräuter wie Salbei, Pfefferminze und Zitronenmelisse wachsen nahezu ganzjährig auf einer hellen Fensterbank.

Während viele Sorten einen sonnigen Standort bevorzugen, also ein Fenster, das nach Westen oder Süden zeigt, fühlt sich Pfefferminze an einem halbschattigen Platz besonders wohl. Zu nah an der Heizung sollten die Pflanzen jedoch nicht stehen, damit sie nicht austrocknen. Wenn du sie regelmäßig gießt, ohne Staunässe zu verursachen, und welke Blätter entfernst, trägst du dazu bei, dass dich die Pflanzen lange mit frischem Grün versorgen.

👣 Holzasche verwerten

Holzasche aus unbehandeltem Holz, zum Beispiel aus dem eigenen Kamin, ist viel zu schade, um sie wegzuwerfen, denn das vielseitige Hausmittel kann sich noch in Garten und Haushalt nützlich machen. Fein gesiebte Holzasche ist beispielsweise ein mildes Scheuermittel mit hoher Fettlösekraft, das Edelstahl, Keramik, Silber und Emaille mühelos reinigt. Einfach etwas Asche mit einem feuchten Lappen aufnehmen, Gegenstände und Flächen gewohnt einreiben und gründlich mit Wasser nachspülen.

Im Garten dient Holzasche dazu, einen eher sauren Boden zu verbessern und aufzulockern. Sie weist Nährstoffe auf, die der Zusammensetzung gekaufter Düngemittel weitestgehend entsprechen, und eignet sich vor allem für tonige, lehmige Böden. Holzasche löst sich schnell in der Erde auf und sollte deshalb sparsam dosiert werden. Auf einen Quadratmeter werden nicht mehr als 30 Gramm beziehungsweise 300 Milliliter lockerer Holzasche verteilt. Alternativ kann sie auch dem Gießwasser hinzugefügt oder in den Kompost gegeben werden.

Viele weitere nützliche Tipps zur Verwertung von Holzasche:

🌐 *smarticular.net/holzasche*

🌱 Naturnah gärtnern

Naturnah zu gärtnern, bedeutet, mit der Natur zu arbeiten statt gegen sie. Dieser Ansatz dient nicht nur dem Umweltschutz, sondern erleichtert auf Dauer auch die Gartenarbeit. Viele Ideen des naturnahen Gärtnerns sind in der sogenannten Permakultur zusammengefasst und beginnen damit, die individuellen Gegebenheiten im eigenen Garten zu beobachten und sich daran zu orientieren. Statt starren Prinzipien zu folgen und natürliche Kreisläufe zu stören, werden nützliche Wechselbeziehungen unterstützt: Gegen Schädlinge helfen Nützlinge (siehe S. 87), und unerwünschte Beikräuter werden durch eine Mulchschicht oder durch Bodendecker natürlich in Schach gehalten.

Ein Beispiel für ein schönes Permakulturprojekt mit mehrfachem Nutzen sind essbare Bodendecker, die dir nicht nur häufiges Jäten ersparen, sondern auch noch reichlich Ernte einbringen. Als bodendeckende Schicht eignen sich verschiedene Beerensorten wie Walderdbeeren, Waldheidelbeeren, Preiselbeeren und Cranberries, die alle einen halbschattigen Standort und ein eher saures Bodenmilieu bevorzugen. In sonnigen Beeten können kleinblättrige Salatsorten wie Feld- und Pflücksalat oder Neuseeländer Spinat schnell eine große Fläche bedecken.

Viele Ideen und praktische Ideen für einen Permakulturgarten findest du hier:

⊕ *smarticular.net/permakultur*

⊕ *smarticular.net/biogarten-projekte*

⏺ Eine Baumscheibe adoptieren

Selbst aus wenigen Quadratmetern Fläche, wie sie viele städtische Baumscheiben bieten, lässt sich noch jede Menge herausholen. Statt dass der nicht versiegelte Bereich rund um Straßenbäume nur wenig Beachtung findet oder allenfalls als Hundetoilette dient, gibt es vor allem in größeren Städten mehr und mehr Menschen, die sich der Baumscheiben in ihrer Umgebung annehmen und sie mit heimischen Stauden und Sommerblumen in einen echten Hingucker und eine Insektenweide verwandeln. Vielleicht hast du vor deiner Haustür ebenfalls die Möglichkeit, eine kleine schmuddelige Brache in eine lebendige, grüne Oase zu verwandeln.

⏺ Einen Baum pflanzen

STADTBÄUME GIESSEN

Stadtbäume erfüllen eine wichtige Funktion für das Mikroklima. In trockenen Sommern leiden sie jedoch immer häufiger unter Wassermangel. Deshalb werden zunehmend die Anwohner gebeten, zur Gießkanne zu greifen und die Bäume vor ihrer Haustür mitzuversorgen. Das Projekt *Gieß den Kiez* (⊕ *giessdenkiez.de*) zeigt am Beispiel Berlin, wie viele Stadtbäume es gibt, und hilft, das gemeinsame Gießen zu koordinieren.

Bäume gehören zu den effizientesten CO_2-Speichern überhaupt und leisten einen wichtigen Beitrag gegen den Klimawandel. Wenn du ein größeres Grundstück besitzt, hast du vielleicht dort die Möglichkeit, den einen oder anderen Baum zu pflanzen. Aber auch ohne Garten kannst du schon mit einer kleinen Spende die weltweiten Aufforstungsprogramme von Baumpflanz-Initiativen wie *PLANT-MY-TREE* (⊕ *plant-my-tree.de*) und der *Plant-for-the-Planet Foundation* (⊕ *plant-for-the-planet.org/de*) unterstützen. Letztere wurde 2007 von einem neunjährigen Jungen und seinem Vater gegründet und hat innerhalb von drei Jahren eine Million Bäume gepflanzt.

Mehr Möglichkeiten, sich aktiv an der Wiederaufforstung zu beteiligen, weltweit Bäume zu spenden oder in nachhaltige Forstwirtschaft zu investieren, findest du hier:

⊕ *smarticular.net/baeume-pflanzen*

Abfallentsorgung

🌱 Elektroschrott richtig entsorgen

Defekte Elektrogeräte, leere Batterien oder Leuchtmittel können einfach beim Händler zurückgegeben werden und müssen nicht aufwendig über Recyclinghöfe entsorgt werden. Denn ab 400 m² Verkaufsfläche sind Elektro- und andere Haushaltsläden grundsätzlich verpflichtet, Kleingeräte (mit maximal 25 Zentimetern Seitenlänge), Batterien und Leuchtmittel auch ohne Neukauf in haushaltsüblichen Mengen zurückzunehmen und sachgerecht zu entsorgen.[23] In der Regel stehen zu diesem Zweck Behälter im Kassenbereich bereit. Grund für diese Verpflichtung sind wertvolle Ressourcen, die in Altgeräten häufig noch enthalten sind und gern genutzt werden wollen. Im Restmüll, der als Entsorgungsstation nicht zugelassen ist, würden sie nur unnötig Giftstoffe freisetzen oder sogar Brände auslösen.

Größere Altgeräte wie Waschmaschinen, Kühlschränke oder Fernseher lassen sich beim Kauf eines Neugeräts ebenfalls über den Händler entsorgen, der sie beispielsweise bei der Lieferung mitnimmt. Alternativ bringt man sie selbst zum örtlichen Wertstoffhof, wodurch ebenfalls keine Kosten entstehen.

Reparieren ist natürlich noch umweltfreundlicher als Recyceln – vielleicht gibt es in deiner Nähe ein Repair-Café (siehe S. 106), oder der örtliche Elektrohändler bietet einen Reparaturservice an.

---

23 Hesselmann service GmbH (2021): ElektroG2: Neue Rücknahmeverpflichtungen für Händler. Online verfügbar unter https://www.elektrogesetz.de/themen/ruecknahme-handel/ (abgerufen am 25.03.2021).

♥ Sondermüll entsorgen

Auch aus vielen anderen Alltagsgegenständen lassen sich noch wertvolle Materialien gewinnen, die gut recycelbar sind. In welcher Tonne Sondermüll richtig aufgehoben ist, um auch keine Schadstoffe an die Umwelt abzugeben, erfährst du am besten über die Hotline deines örtlichen Entsorgers. Die folgenden Beispiele verdeutlichen, warum die richtige Müllentsorgung einen wichtigen Beitrag zum Umweltschutz leistet.

Alte CDs bzw. CD-ROMs bestehen vor allem aus dem hochwertigen und gut recycelbaren Kunststoff Polycarbonat. Wenn die Datenträger beim örtlichen Entsorger abgegeben werden, kann das Polycarbonat wiedergewonnen werden.

Auch alte Röntgenbilder sind viel zu wertvoll für die Tonne, denn das darin enthaltene Silber sowie die hochwertigen Kunststoffe lassen sich ebenfalls recyceln. Einige Arztpraxen und Krankenhäuser nehmen alte Röntgenbilder entgegen, alternativ lohnt eine Frage beim örtlichen Entsorgungsunternehmen.

Druckerpatronen und Tonerkartuschen können ebenfalls giftige Reststoffe enthalten und gehören nicht in den Hausmüll, sondern in die Wertstoffsammlung. Zudem lassen sie sich recyceln und sind somit viel zu schade für die Müllverbrennung.

🐾 Richtige Mülltrennung

Die Wiederaufbereitung von Abfall funktioniert am effektivsten, wenn einzelne Wertstoffe möglichst sortenrein in der Wiederaufbereitungsanlage ankommen. Deshalb trägt richtige Mülltrennung ganz erheblich zum erfolgreichen Recycling bei.

Dabei fallen die Anforderungen je nach Kommune teilweise recht unterschiedlich aus. Wenn du dir nicht sicher bist, wie ein Gegenstand oder ein Material richtig entsorgt wird, erkundige dich am besten bei deinem örtlichen Versorgungsunternehmen. Viele Informationen sind im Netz zu finden, die meisten bieten auch eine Service-Hotline an, über die offene Fragen schnell geklärt werden können. Eine Übersicht zur Mülltrennung und Druckvorlagen für Büros, Kitas und andere Einrichtungen findest du hier:

⊕ *smarticular.net/muelltrennung*

♥ Reparieren statt wegwerfen

REPAIR-CAFÉ GRÜNDEN

Die niederländische Stiftung Stichting Repair Café unterstützt Menschen auf der ganzen Welt dabei, eigene Repair-Cafés zu gründen. Dort helfen Ehrenamtliche, defekte Geräte zu reparieren. Falls das nicht möglich ist, unterstützen sie bei der Suche nach einem Profi, der die Reparatur durchführen kann. Mehr Informationen zur Gründung gibt es ebenfalls auf ⊕ *repaircafe.org/de.*

Bei vielen Geräten lohnt sich der Versuch, sie zu reparieren. Das kostet zwar etwas mehr Zeit, als einfach etwas Neues zu kaufen, hilft aber, den Müllberg nicht noch größer werden zu lassen. Und am Ende kann man stolz sein, einen Gegenstand, ein Gerät oder ein Kleidungsstück wieder in Ordnung gebracht zu haben – und der Geldbeutel freut sich auch.

Zudem bringt eine gemeinsame Reparatur Menschen zusammen, denn man erkundigt sich in Foren, bei Verwandten oder Bekannten nach der besten Vorgehensweise. Wer in seiner persönlichen Umgebung niemanden kennt, der weiterhelfen kann, hat mit Repair-Cafés eine gute Anlaufstelle. Neben einer kostenlosen Reparatur wird dort Wissen darüber vermittelt, wie sich verschiedenste Dinge reparieren lassen. Wenn die Ehrenamtlichen selbst nicht weiterhelfen können, verweisen sie an einen Profi weiter. Unter ⊕ *repaircafe.org/de* findest du heraus, wann und wo das nächste Repair-Café in deiner Umgebung stattfindet.

⊕ *smarticular.net/reparieren*

♥ Lebensmittelabfälle richtig entsorgen

Reste von Lebensmitteln im normalen Restmüll zu entsorgen, wäre schade! Denn die organischen Materialien, die besser in der Biotonne gesammelt werden, eignen sich noch hervorragend, um Energie zu gewinnen oder Komposterde herzustellen. Damit das ohne Probleme gelingt, ist es sinnvoll, nur diejenigen Abfälle in den Biomüll zu geben, die auch wirklich hineingehören. Wer einen Garten hat, kann viele ungekochte Lebensmittelreste auch im Kompost verwerten. Für Menschen ohne Garten kommt ein Bokashi-Eimer oder eine Wurmkiste (siehe S. 90) als Alternative infrage.

Der folgenden Übersicht ist zu entnehmen, welche Lebensmittelabfälle sich wie verwerten lassen:

Lebensmittelrest	Bio-müll	Kompost	Bokashi	Wurm-kiste
Rohe Obst- und Gemüseabfälle	✔	✔	✔	✔
Zitrusfrüchte*	✔	✔ (in kleinen Mengen)	✔	✘
Kaffee- und Teesatz	✔	✔	✔	✔
Kaffeefilter und Teebeutel ohne Plastik	✔	✔	✘	✔
Gekochte Lebensmittel	✔	✔ (in kleinen Mengen)	✔	✘
Fleisch- und Fischabfälle	✔	✘	✔	✘
Käsereste	✔	✔ (in kleinen Mengen)	✔	✘

Sind häufig mit Pestiziden belastet

Darüber hinaus sind ausgelaugte Pflanzerde, verwelkte Schnittblumen, eingegangene Topfblumen, Rasen- und Heckenschnitt sowie andere organische Abfälle im Biomüll oder auf dem Kompost besser aufgehoben als in der Restmülltonne.

Kunststoffverpackungen von Obst und Gemüse, Glasbehälter sowie Plastiktüten, mit denen der Abfall von der Wohnung zu Tonne oder Kompost transportiert wird, gehören hingegen auf keinen Fall in die Biotonne, denn sie erschweren die Verwertung der wertvollen Biomasse. Auch kompostierbare Bioplastiktüten werden in der Regel am besten im Restmüll entsorgt, denn sie brauchen zu lange, bis sie sich zersetzen, was in vielen Kompostieranlagen zu Schwierigkeiten führt. Weitere Details und örtliche Besonderheiten erfährst du bei deinem Entsorger.

Haushalt

❦ Papier sparen

Werbeflyer, Bäckertüte, Kassenbon – im Alltag geht jede Menge Papier durch unsere Hände, ohne dass wir uns dessen bewusst wären. Zwar gehört Papier zu den Rohstoffen, die sich am besten recyceln lassen. Dennoch lohnt es sich, die wertvolle Ressource sparsam zu verwenden, sodass möglichst wenig überhaupt recycelt oder als Frischfaserpapier aus neuem Holz gewonnen werden muss.

Mit ein paar einfachen Maßnahmen lässt sich bereits viel Papier sparen, was sich vor allem dort lohnt, wo es nur kurz genutzt und anschließend weggeworfen wird. Ein *Bitte keine Werbung*-Aufkleber auf dem Briefkasten (siehe S. 129) hilft beispielsweise, durchschnittlich 30 Kilogramm Papier jährlich in Form unerbetener Briefkastenwerbung zu vermeiden. Hartnäckige Fälle werden am besten direkt aufgefordert, die Zustellung nicht erwünschter Werbepost zu unterlassen.

Effektiv Papier sparen lässt sich auch mit einem Stoffbeutel, der bei jedem Gang zum Bäcker die Einwegtüten ersetzt. Und für den Großeinkauf im Supermarkt lohnen sich Mehrwegbeutel sowie Obst- und Gemüsenetze (siehe S. 19), die immer wieder genutzt werden können.

In der Küche erfüllen waschbare Naturfaserlappen (zum Beispiel aus Geschirrhandtüchern, alter Bettwäsche oder ähnlichen aussortierten Stoffen) denselben Zweck wie die Küchenrolle (siehe S. 53), die ebenfalls aus Papier besteht. Ein Dauerfilter aus Metall für Tee und Kaffee macht Papierfilter überflüssig. Bestimmt fallen dir noch mehr Gelegenheiten ein, bei denen Papierverbrauch komplett vermieden oder durch nachhaltige Alternativen reduziert werden kann.

PAPIERWENDE

Viele weitere Tipps und Hintergrundinformationen rund um den Wertstoff Papier findest du auf den Seiten des *Netzwerks Papierwende* (⊕ *papierwende.de*).

◊ Ökostrom bevorzugen

Der Anteil erneuerbarer Energien an der Stromversorgung steigt stetig an. Aus Windenergie, Fotovoltaik, Biomasse und Wasserkraft erzeugter Strom macht in Deutschland bereits etwa die Hälfte des verfügbaren Strommix aus.[24]

ÖKOSTROM-ANBIETER

Auf der Plattform ⊕ *oekostrom-anbieter.info* kannst du dich über die einzelnen Anbieter, deren Hintergründe sowie über Wechselmöglichkeiten informieren. Vielleicht lohnt sich auch die Investition in eine eigene Fotovoltaikanlage. Kleine Plug&Play-Module sind inzwischen sogar schon für den Betrieb auf der Gartenlaube oder dem Balkon verfügbar.

Mit einem Umstieg auf einen Ökostrom-Erzeuger lässt sich diese Entwicklung unterstützen. Besonders effektiv gelingt das mit einem Anbieter, der seinen Strom nicht nur mit Zertifikaten „grün" macht, sondern ausschließlich auf Strom aus regenerativen Quellen setzt und seine Einnahmen entsprechend umweltfreundlich reinvestiert.

Zu den reinen Ökostromanbietern in Deutschland gehören folgende Unternehmen:

- Bürgerwerke eG (⊕ *buergerwerke.de*)
- Elektrizitätswerke Schönau eG (⊕ *ews-schoenau.de*)
- Greenpeace Energy eG (⊕ *greenpeace-energy.de*)
- Naturstrom AG (⊕ *naturstrom.de*)
- Polarstern GmbH (⊕ *polarstern-energie.de*)

---

24 Fraunhofer-Institut für Solare Energiesysteme ISE (Hrsg.) (04.01.2021): Nettostromerzeugung in Deutschland 2020: erneuerbare Energien erstmals über 50 Prozent. Online verfügbar unter https://www.ise.fraunhofer.de/de/presse-und-medien/news/2020/nettostromerzeugung-in-deutschland-2021-erneuerbare-energien-erstmals-ueber-50-prozent.html (abgerufen am 25.03.2021).

☙ Einwegbatterien vermeiden

Energie und Ressourcen, die verbraucht werden, um Einwegbatterien herzustellen, lassen sich leicht einsparen, wenn Geräte mit Netzbetrieb verwendet werden. Falls doch einmal Batterien nötig sind, schneiden wiederaufladbare Akkus umweltschutzmäßig deutlich besser ab als Einwegbatterien. Sie können 500- bis 1000-mal wieder aufgeladen werden und auf diese Weise große Mengen Einwegbatterien ersetzen.[25]

Für Geräte mit geringem Stromverbrauch wie etwa Fernbedienungen oder Uhren sind sogenannte Low-Self-Discharge(LSD)-Akkus zum Beispiel mit der Bezeichnung *Eneloop* besonders gut geeignet, weil sie, anders als normale Akkus, nur einer sehr geringen Selbstentladung unterliegen und so teilweise über Jahre funktionieren, ohne nachgeladen zu werden.

Um bei einem defekten Akku nicht gleich ein noch funktionsfähiges Gerät mitentsorgen zu müssen, achte bei Neuanschaffungen am besten darauf, dass der Akku nicht fest verbaut ist, sondern ausgetauscht werden kann.

25 NABU – Naturschutzbund Deutschland e. V. (Hrsg.) (o. J.): Verkauf von Batterien um 50 Prozent gestiegen. Akkus sind die umweltfreundliche Wahl. Online verfügbar unter https://www.nabu.de/umwelt-und-ressourcen/oekologisch-leben/alltagsprodukte/28695.html (abgerufen am 25.03.2021).

⁕ Energieeffiziente Geräte bevorzugen

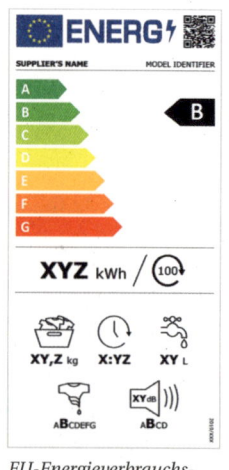

EU-Energieverbrauchs-kennzeichnung

Bei Neuanschaffungen freuen sich die Umwelt und auf lange Sicht auch der Geldbeutel, wenn die Wahl auf energieeffiziente Geräte mit einem geringen Stromverbrauch fällt. Seit März 2021 gelten für viele Alltagsgeräte wie Spülmaschinen, Kühlschränke und Fernsehgeräte neue EU-Effizienzlabels, die es ermöglichen sollen, den Energieverbrauch exakter einzuschätzen. Weitere Gerätetypen werden in den kommenden Jahren folgen.

Neben einem geringen Stromverbrauch wirkt sich auch eine lange Haltbarkeit auf die Ökobilanz von Haushaltsgeräten aus. Der Verein *Murks? Nein Danke!* (⊕ *murks-nein-danke.de*), die Initiative *Cradle-to-Cradle* (⊕ *c2c.ngo*) und viele weitere Organisationen setzen sich gegen vorzeitigen Verschleiß und für die Reparier- und Recyclingfähigkeit aller verwendeten Materialien und Komponenten ein.

⁕ Geräte entkalken

Kalk lässt Küchengeräte nicht nur schmuddelig aussehen, sondern auch deren Stromverbrauch umso mehr ansteigen, je dicker die in Wasserkocher & Co. angesammelte Schicht ist. Statt einen Spezialentkalker zu kaufen, lassen sich die meisten Geräte genauso gut mit dem umweltfreundlichen Hausmittel Zitronensäure (siehe S. 155) vom Kalk befreien.

Um beispielsweise den Wasserkocher zu entkalken, werden einfach zwei bis drei Esslöffel Zitronensäure in einem Liter kaltem Wasser aufgelöst. Das Gerät damit füllen, kurz erhitzen und maximal 30 Minuten lang einwirken lassen, danach mit klarem Wasser gründlich nachspülen. Detaillierte Anleitungen zum Entkalken der Waschmaschine, Spülmaschine und des Kaffeevollautomaten findest du hier:

⊕ *smarticular.net/entkalken*

🐾 Richtig heizen

Laut Umweltbundesamt macht das Heizen 60 Prozent des Energieverbrauchs privater Haushalte im Bereich Wohnen aus.[26] Indem die Raumtemperatur um nur 1 °C gesenkt wird, können bereits sechs Prozent der Energie gespart werden.

Die optimale Raumtemperatur bewegt sich je nach Raum zwischen 6 und 24 °C. Um Schimmelbildung vorzubeugen, empfiehlt sich in ungenutzten Wohnräumen eine Mindesttemperatur von 14 °C. Als Orientierung dient die folgende Tabelle, wobei deine persönliche Wohlfühltemperatur auch leicht darüber- oder darunterliegen kann.

Räume	Empfohlene Temperatur
Kellerräume	6 °C
Treppenhaus, Windfang	12 °C
nachts in allen Räumen	14 °C
Schlafzimmer	16 °C
Küche, Korridor	18 °C
Wohn-, Ess- und Arbeitsräume	20 °C
Badezimmer	24 °C

Neben der gezielten Steuerung der Raumtemperaturen gelingt es dir mit einfachen Mitteln, dafür zu sorgen, dass die Wärme gut in den Räumen zirkulieren kann, aber nicht nach außen verloren geht:

- Heizkörper frei halten

- Heizkörper regelmäßig entlüften

- nachts Rollläden und Vorhänge schließen

- defekte Fenster- und Türdichtungen reparieren, um Wärmebrücken zu beseitigen

---

26 Umweltbundesamt (Hrsg.) (30.10.2020): Heizen, Raumtemperatur. Online verfügbar unter https://www.umwelt-bundesamt.de/umwelttipps-fuer-den-alltag/heizen-bauen/heizen-raumtemperatur#textpart-2 (abgerufen am 25.03.2021).

Eigenheimbesitzer können mit umweltfreundlichen Heizsystemen auf Basis erneuerbarer Energien ihren ökologischen Fußabdruck ganz erheblich verkleinern. Noch vor thermischen Solaranlagen und Pelletheizungen (mit Pellets aus Holzabfällen) heizen Wärmepumpen besonders emissionsarm, wenn sie mit Ökostrom betrieben werden (siehe S. 110).

🐾 Richtig lüften

Mehrmals täglich für kurze Zeit die Fenster komplett zu öffnen (Stoßlüften oder Querlüften mit Durchzug), beugt Schimmelbildung vor und leitet die Feuchtigkeit, die durch Atmung, Kochen, Wäsche & Co. verursacht wird, nach außen. Das sorgt nicht nur für gesunde Raumluft, sondern ist auch der Umwelt dienlich. Denn insbesondere während der Heizperiode sorgen Fenster „auf Dauerkipp" für einen enormen Energieverbrauch, schließlich heizt man im wahrsten Sinne des Wortes zum Fenster hinaus. In den kältesten Monaten von Dezember bis Februar reichen bereits fünf Minuten Stoßlüften aus, denn je größer der Temperaturunterschied zwischen innen und außen ist, umso schneller erfolgt der Luftaustausch.

🐾 Stand-by-Modus als versteckter Stromfresser

Viel Energie und Geld lässt sich sparen, wenn nicht benötigte Geräte komplett ausgeschaltet oder vom Stromnetz getrennt werden. Denn in Summe sind selbst Geräte im Stand-by-Modus ganz schön energieintensiv und ihre Dauerbereitschaft in vielen Fällen gar nicht notwendig. Allein eine typische Stereoanlage, die pro Tag 22 Stunden im Stand-by-Betrieb ist, verbraucht circa 120 Kilowattstunden im Jahr und schlägt mit 40 Euro Stromkosten zu Buche.[27] Da nicht alle Geräte

---

27 Lambeck, Sebastian/Hakenes, Jens (o. J.): Stromverbrauch durch Standby: einfach ausschalten! Online verfügbar unter https://www.co2online.de/energie-sparen/strom-sparen/strom-sparen-stromspartipps/stromverbrauch-bei-standby/ (abgerufen am 25.03.2021).

anzeigen, dass sie auch im ausgeschalteten Zustand Strom verbrauchen – zum Beispiel durch ein kleines Lämpchen –, empfiehlt sich eine Steckdosenleiste mit Schalter, um die Geräte zuverlässig vom Stromkreis zu trennen.

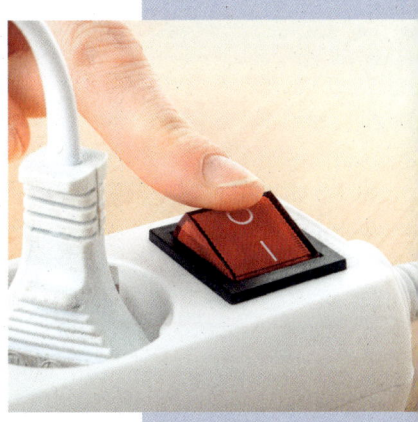

Die Verbraucherzentrale informiert auf ihrer Website ⊕ *verbraucherzentrale-energieberatung.de* über zahlreiche Details zum Thema Energiesparen. Auf Wunsch kommt ein Energieberater zu einem kostenlosen Basis-Check zum Strom- und Wärmeverbrauch zu dir nach Hause oder beantwortet Energiespar-Fragen am Telefon.

🌿 Vor dem Urlaub den Stecker ziehen

Längere Abwesenheiten wie eine mehrwöchige Urlaubsreise lassen sich prima nutzen, um auch energieintensive Geräte wie den Kühlschrank vom Netz zu nehmen. Damit keine Lebensmittel verderben, erfordert das allerdings einer gewissen Planung, um verderbliche Reste rechtzeitig zu verbrauchen. Damit der Innenraum gründlich durchlüften kann und kein Schimmel entsteht, bleibt die Tür des ausgeschalteten Geräts am besten offen stehen. Auch der Gefrierschrank kann bei dieser Gelegenheit mal wieder abgetaut (siehe S. 51), gereinigt und gelüftet werden.

Vielen anderen Geräten wie dem Fernseher oder der Ladestation der elektrischen Zahnbürste darf vor der Abreise ebenfalls getrost der Stecker gezogen werden, wodurch sich beispielsweise bei einer Abwesenheit von drei Wochen ganz nebenbei Energie im Wert von bis zu 50 Euro einsparen lässt.[28]

---

28 Augsburger Allgemeine (Hrsg.) (o. J.): Vor dem Urlaub Stecker ziehen spart bis zu 50 Euro. Online verfügbar unter https://www.augsburger-allgemeine.de/themenwelten/bauen-wohnen/Vor-dem-Urlaub-Stecker-ziehen-spart-bis-zu-50-Euro-id20793516.html (abgerufen am 25.03.2021).

✔ Viel Licht für wenig Strom

Klassische Glühbirnen sind durch das 2012 in der EU in Kraft getretene Glühbirnenverbot in Haushalten kaum noch zu finden. Aber auch zwischen den verbliebenen Leuchtmitteln bestehen erhebliche Unterschiede in ihrer Umweltfreundlichkeit.

Während Halogenlampen immer noch vergleichsweise viel Strom verbrauchen, sind klassische Stromsparlampen, sogenannte Kompaktleuchtstofflampen, zwar energieeffizient, enthalten aber hochgiftiges Quecksilber. Deshalb ist seit 2018 nur noch der Verkauf von Restbeständen erlaubt. Die nachhaltigste Wahl sind LED-Lampen, die wenig Strom verbrauchen, keine Giftstoffe enthalten und zudem langlebiger sind als andere Leuchtmittel.[29]

Häufig werden in Schreibtischlampen, Badschränken und anderen Alltagsgegenständen LEDs fest verbaut. Das führt dazu, dass bei einer defekten Lampe gleich der komplette Gegenstand entsorgt werden muss und damit die Ökobilanz der energieeffizienten Leuchtmittel zunichte gemacht wird. Vergewissere dich deshalb am besten beim Kauf eines Geräts, dass das Leuchtmittel austauschbar ist.

---

29 Landeshauptstadt Mainz (Hrsg.) (2021): Umweltfreundliche Leuchtmittel im Haushalt. Online verfügbar unter https://www.mainz.de/verwaltung-und-politik/buergerservice-online/umwelttipps/haushalt/umweltfreundliche-leuchtmittel-im-haushalt.php (abgerufen am 25.03.2021).

⟨ Haushaltsgeräte pflegen

Gepflegte Haushaltsgeräte leben länger und sparen so Energie und Ressourcen. Ein entkalkter Wasserkocher (siehe S. 112) oder ein Gefrierschrank ohne Eisschicht (siehe S. 51) beispielsweise haben einen niedrigeren Verschleiß und einen geringeren Stromverbrauch als ungepflegte Geräte. Deshalb wird häufig genutztes Equipment am besten regelmäßig gereinigt.

Gerät	Pflegeroutine
Waschmaschine	Alle zwei bis drei Monate die Maschine mit einer Tasse oder bis zu einem halben Liter Haushaltsessig im Waschmittelfach bei niedriger Temperatur leer durchlaufen lassen.
Spülmaschine	Alle zwei bis drei Monate die Maschine mit ein bis zwei auf den Boden gestreuten Esslöffeln Natron und 20 Millilitern Essigessenz im Pulverfach leer durchlaufen lassen.
Wasserkocher	Kalkablagerungen regelmäßig entfernen. Dazu zwei bis drei Esslöffel Zitronensäurepulver in einem Liter Wasser auflösen, in das Gerät geben, kurz erhitzen und anschließend bis zu 30 Minuten einwirken lassen.
Kaffeemaschine	Regelmäßig entkalken mit geeigneten Hausmitteln (siehe S. 112) oder dem vom Hersteller empfohlenen Entkalker.
Gefrierschrank	Ein- bis zweimal pro Jahr abtauen, um eine zu starke Eisbildung zu vermeiden (siehe S. 51).

Online findest du detaillierte Tipps für die Rundumpflege von Wasch- und Spülmaschine mit umweltfreundlichen Hausmitteln.

⊕ *smarticular.net/waschmaschine-reinigen*

⊕ *smarticular.net/geschirrspueler-reinigen*

🦶 Plastikfrei versenden

Papierklebeband und plastikfreie Versandtaschen vermeiden Abfälle und vereinfachen den Prozess des Papierrecyclings, denn Sichtfenster, Klebebänder und andere Materialien aus Kunststoff müssen nicht extra von Papier und Kartons entfernt werden.[30] Auch gepolsterte Versandtaschen gibt es mit umweltfreundlichen Füllungen anstelle der weitverbreiteten Luftpolsterfolie aus Kunststoff.

Biologisch abbaubare Füllmaterialien wie alte Zeitungen, Pappe, Holzwolle, Verpackungschips aus pflanzlicher Stärke können zudem schlecht recycelbare Materialien wie Styropor ersetzen.

Kartons und Versandtaschen mehrmals zu verwenden, schont die Umwelt ebenfalls. Häufig reicht es aus, den Adressbereich zu überkleben und zum Verschließen ein Papierklebeband oder wiederverwendbare Klammern zu nutzen.

---

30 MEDEWO GmbH (Hrsg.) (o. J.): Papierrecycling: Das passiert mit Klebeband & Co. Online verfügbar unter https://www.medewo.com/blog/de/loesungen/klebeband-papierrecycling/ (abgerufen am 25.03.2021).

⏀ Eierkartons weiterverwenden

Eierkartons lassen sich zwar gut recyceln, noch besser werden sie aber einfach weitergenutzt. Manche kleineren Geschäfte und Marktstände nehmen die Verpackungen gerne zurück. Alternativ kannst du sie zum Beispiel als Anzuchttöpfchen oder Sortierhilfe für kleine Gegenstände nutzen. Zusammen mit Wachsresten (siehe S. 210) und Sägespänen oder anderen brennbaren Naturmaterialien lassen sich daraus auch Kamin- und Grillanzünder selber machen.

So geht's:

1. Die Mulden des Eierkartons mit Sägespänen, Holzwolle oder Nussschalen füllen.

2. Reste alter Kerzen in einem kleinen Topf schmelzen, bis das Wachs komplett flüssig ist.

3. In jede Mulde etwas Wachs gießen, sodass die Späne sich vollsaugen und fest zusammenkleben.

4. Die fertigen Anzünder für eine Stunde abkühlen lassen.

Um das Feuer in Grill oder Kamin zu entfachen, werden einfach einzelne Segmente des befüllten Eierkartons abgerissen und wie gängige Grillanzünder verwendet.

Mehr Ideen zur Verwendung von Eierkartons:

⊕ *smarticular.net/eierkartons*

SALMONELLEN

Salmonellen, die sich unter Umständen auf den Eierkartons befinden könnten, werden durch einen Aufenthalt von mindestens zehn Minuten bei 80 °C im Backofen wirksam abgetötet. [31]

---

31 Schneck, Dagmar (21.11.2016): Salmonellen: So bannen Sie die Gefahr. Online verfügbar unter https://www.apotheken-umschau.de/Infektion/Salmonellen-So-bannen-Sie-die-Gefahr-114055.html (abgerufen am 25.03.2021).

🦶 Klorollen weiternutzen

Klorollen fallen im Haushalt regelmäßig an. Wie gut, dass man so viele Dinge aus ihnen zaubern kann! Mit ihrem Durchmesser haben sie beispielsweise die perfekte Form, um aus Wachsresten (siehe S. 210) neue Kerzen zu gießen. Dazu einfach die Papprolle auf mehrere Lagen Zeitungspapier stellen, etwas verflüssigtes Wachs hineingießen und auskühlen lassen. Mit einem Schaschlikspieß oder einem Zahnstocher einen passenden Docht mittig in die Rolle hängen und den Rest der Rolle mit Wachs befüllen. Die Kerze aushärten lassen und zum Schluss die äußere Papphülle entfernen.

Auch als Haargummihalter, Serviettenring oder Katzenspielzeug erfüllen leere Klorollen noch ihren Zweck. Und wer eine Weile sammelt, kann daraus sogar einen Adventskalender basteln:

⊕ *smarticular.net/klorollen-adventskalender*

Viele weitere Ideen, um Toilettenpapierrollen ein zweites Leben zu schenken, gibt es hier:

⊕ *smarticular.net/toilettenrollen*

👣 Möglichst viel upcyceln

Kaputte oder zu klein gewordene Kleidung, alte Handtücher, Wollreste, Altpapier, veraltete Sachbücher, Schraubgläser, Konservendosen: Aus fast allen Materialien lässt sich noch etwas Nützliches machen. Man muss nur wissen, wie.

Verwaiste oder abgetragene Socken verwandeln sich mit wenig Aufwand in Haargummis, ein Körnerkissen, einenver Küchenschwamm (siehe S. 207) oder in praktische Sockenbälle für Kinder, Haustiere und den Wäschetrockner. So gelingt es:

1. Eine Socke zu einer Kugel zusammenrollen.

2. Die gerollte Socke in eine zweite Socke hineinstecken, bis ganz vorn in den Zehenbereich. Die äußere Socke dicht über der inneren Socke zusammendrehen und nach außen umstülpen.

3. Wenn die äußere Socke noch lang übersteht, diesen Vorgang wiederholen. Die entstandene Kugel erneut in eine Socke stecken und Schritt 3 wiederholen, bis der Sockenball groß genug ist.

Nun ist der Spiel- oder Trocknerball auch schon einsatzbereit. Eine detaillierte Anleitung und mehr zu den Einsatzmöglichkeiten sowie zahlreiche weitere Upcycling-Ideen gibt es hier:

⊕ *smarticular.net/sockenball*

⊕ *smarticular.net/upcycling*

₵ Müllbeutel ohne Müll

Müllbeutel gehören zu den Einwegprodukten, die sich besonders einfach und auf vielfältige Weise durch nachhaltige Alternativen ersetzen lassen. Umweltfreundlicher sind bereits Beutel aus Recycling-Plastik, die in nahezu jedem Super- oder Drogeriemarkt zu finden sind. Noch umweltfreundlicher wird die Abfallentsorgung mit selbst gefalteten Tüten aus Altpapier.

Überhaupt kein zusätzlicher Abfall entsteht, wenn du für den Transport von Verpackungsmüll & Co. von der Küche bis zu Mülltonne große Beutel aus ausrangiertem Baumwollstoff verwendest (ein alter Kopfkissenbezug reicht auch), die viele Male genutzt und einfach in der Waschmaschine gewaschen werden können. Anleitungen für gefaltete und genähte Müllbeutel gibt es hier:

⊕ *smarticular.net/muelltueten-falten*

⊕ *smarticular.net/muellsack-naehen*

₵ Fotovoltaikanlage

Für Hausbesitzer, aber auch Mieter kann sich die Anschaffung einer Fotovoltaikanlage lohnen, um Ressourcen und Stromkosten zu sparen. Wenn du über ein geeignetes Dach mit Ost-, West- oder Südausrichtung verfügst, lohnt es sich in jedem Fall, sich über die Möglichkeiten zur Installation eines eigenen Solarstromgenerators zu informieren.

Wer in einer Miet- oder Eigentumswohnung wohnt, kann womöglich mit einem kleinen Solarkraftwerk für den Balkon oder die Hauswand Strom für den Eigenbedarf erzeugen und diesen über einen vorhandenen Stromkreis einspeisen. Angebote für solche Balkonstrom-Anlagen gibt es viele – allerdings ist bei von außen sichtbar montierten Fotovoltaikmodulen in der Regel die Zustimmung des Wohnungseigentümers oder der Hausverwaltung erforderlich.

🌱 Dachbegrünung

Begrünte Dächer wirken wie eine natürliche Klimaanlage und bieten Nahrung und Lebensraum für Insekten.[32] Darüber hinaus entlasten sie bei Starkregen die Kanalisation und verbessern in Städten das Mikroklima. Deshalb wird in vielen Regionen der Bau einer Dachbegrünung sogar bezuschusst oder durch vergünstigte Kredite gefördert, zum Beispiel im Rahmen einer Dachsanierung.

Etwas kleinere Projekte wie ein begrünter Schuppen oder ein Garagendach lassen sich mit etwas Know-how auch im Eigenbau verwirklichen. Die Kosten belaufen sich ungefähr auf einen Betrag zwischen 40 und 140 Euro pro Quadratmeter. Viele weiterführende Informationen findet man zum Beispiel auf ⊕ *gebaeudegruen.info* und ⊕ *dach-begruenung.de.*

---

32 Norddeutscher Rundfunk (Hrsg.) (31.08.2020): Gründach: Gut für die Umwelt, schön anzusehen. Online verfügbar unter https://www.ndr.de/ratgeber/garten/Gruendach-Gut-fuer-die-Umwelt-schoen-anzusehen,dachgruen101.html (abgerufen am 25.03.2021).

♥ Wasser sparen im Haushalt

Mitteleuropa gehört zu den Regionen der Welt, in denen überwiegend kein Wassermangel herrscht. Dennoch ist es sinnvoll, mit der wertvollen Ressource achtsam umzugehen. Wer insbesondere den Warmwasserverbrauch senkt, kann viel Energie und damit auch CO_2 einsparen.

Duschen statt Baden (siehe S. 75), das Wasser beim Einseifen der Hände und beim Zähneputzen nicht ungenutzt laufen lassen, wenn möglich, kaltes statt warmes Wasser verwenden – die wichtigsten Tipps zum Wassersparen sind allgemein bekannt. Unterm Strich geht es aber vor allem darum, die wertvolle Ressource Wasser wertzuschätzen und individuell zu schauen, an welchen Stellen man seinen direkten Verbrauch sowie den Verbrauch virtuellen Wassers (siehe S. 14) reduzieren kann.

In vielen warmen Urlaubsländern herrscht anders als hierzulande Wassermangel. Umso wichtiger ist es, besonders dort sparsam mit Wasser umzugehen und beispielsweise Handtücher und Bettwäsche nur reinigen zu lassen, wenn es wirklich notwendig ist.

♥ Gegenstände so lange wie möglich nutzen

Indem du Möbel, Kleidung und Alltagsgegenstände möglichst lange nutzt, reparierst (siehe S. 106) und am Ende ihres Lebenszyklus, wenn möglich, upcycelst (siehe S. 121), sparst du jede Menge Ressourcen und vermeidest Abfall. Damit das gelingt, empfiehlt es sich, schon beim Kauf auf reparaturfähige Produkte zu achten und dort, wo es sich anbietet, Funktionsfähiges, aber nicht mehr Gebrauchtes zu verschenken, zu verkaufen oder an die nächste Generation weiterzugeben.

❦ Kerzen ohne Paraffin und Müll

Als umweltfreundliche Alternative zu Paraffin- und Stearinkerzen kommen Bienenwachskerzen und Biokerzen aus pflanzlichen Fetten wie Soja oder Raps infrage, idealerweise aus regionalem Anbau. Bei Teelichtern lohnt es sich außerdem, auf Produkte umzusteigen, die keine Ummantelung aus Aluminium oder Kunststoff brauchen.

Damit leistest du bereits einen sinnvollen Gegenentwurf zu den ungefähr drei Vierteln der in Deutschland verkauften Kerzen, die überwiegend aus Paraffin bestehen, einem Abfallprodukt aus der Schmierölproduktion aus Erdöl. Die ebenfalls verbreiteten Kerzen aus Stearin werden aus tierischen und pflanzlichen Fetten hergestellt, unter anderem aus Palmöl[33] (siehe S. 32).

WACHSRESTE VERWERTEN

Wachsreste lassen sich noch vielfältig verwerten, zum Beispiel für umweltfreundliche Grillanzünder oder als Brennmaterial für einen Wachsfresser (siehe S. 210). Über größere Mengen Wachsreste freuen sich die Kerzenmanufakturen ⊕ *sinn-licht.de* und ⊕ *second-light.de*, die sich auf die Herstellung von Kerzen aus recyceltem Wachs spezialisiert haben.

⊕ *smarticular.net/ wachsreste*

---

33 Dallmus, Alexander (12.11.2019): Stearin? Wachs? Paraffin? Gibt's ökologisch einwandfreie Kerzen?. Online verfügbar unter https://www.br.de/radio/bayern1/inhalt/experten-tipps/umweltkommissar/kerze-wachs-palmoel-stearin-russ-umweltkommissar-100.html (abgerufen am 25.03.2021).

🐾 Minimalistischer leben

Minimalismus ist weit mehr als nur ein Trend, mit dem sich altes Gerümpel loswerden und das Leben erleichtern lässt. Denn wer seine Bedürfnisse auf das wirklich Wichtige reduziert beziehungsweise sich auf die Dinge im Leben konzentriert, die wirklich Freude bereiten, spart nicht nur jede Menge Geld und Zeit zum Aufräumen, nein, ein minimalistisches Leben führt auch zu einem viel geringeren Ressourcen- und Energieverbrauch für all die Dinge, die gar nicht erst hergestellt werden müssen.

Damit der Ausstieg aus dem Überfluss auf umweltfreundliche Art und Weise gelingt, empfiehlt es sich – im Gegensatz zu oft anzutreffenden Ratschlägen –, aussortiere Dinge nur in Ausnahmefällen in den Müll zu werfen und sie stattdessen zu verkaufen oder zu verschenken.

Mehr Tipps für Minimalismus im Alltag:

🌐 *smarticular.net/minimalistisch-leben*

⏃ Möbel aus Massivholz bevorzugen

Massivholzmöbel überstehen auch den vierten oder fünften Umzug und halten dem normalen Alltag lange stand. Günstige Möbel aus Pressspan dagegen sind dafür gar nicht gemacht. Entsprechend viele Billigmöbel werden auf dem Sperrmüll entsorgt – weil sie nach kurzer Zeit kaputt, unansehnlich oder schlichtweg aus der Mode gekommen sind.

Hochwertige zeitlose Möbel aus Massivholz sind zwar meist erheblich teurer, sie sind ihren Preis aber auch wert und können mit ein wenig Pflege an die nächste Generation weitergereicht werden. Schöner Nebeneffekt: Als Kohlenstoffspeicher kommen Massivholzmöbel zudem dem Klimaschutz zugute, denn der Kohlenstoff bleibt über den gesamten Lebenszyklus eines Holzprodukts gebunden.[34]

Geht doch einmal etwas kaputt, lassen sich Massivholzmöbel in der Regel problemlos reparieren. Und weil gute Möbel so lange halten, findet man viele für wenig Geld auf dem Secondhandmarkt.

34 Deutscher Forstwirtschaftsrat e. V. – DFWR (Hrsg.) (o. J.): Kohlenstoffspeicher Holz. Online verfügbar unter https://www.forstwirtschaft-in-deutschland.de/wald-im-klimastress/klimawandel/kohlenstoffspeicher-holz/ (abgerufen am 25.03.2021).

۷ Weniger Fläche pro Person

Ob man sich in einer kleinen Hütte oder einer großen Villa wohler fühlt, ist eine ganz individuelle Entscheidung, und inwieweit überhaupt eine Wahl besteht, entscheiden vor allem die finanziellen Möglichkeiten. Insgesamt hat die beanspruchte Wohnfläche pro Person im Durchschnitt in den letzten Jahrzehnten stark zugenommen,[35] wobei jeder bebaute Quadratmeter auch zusätzlichen Energiebedarf bedeutet[36] und die zunehmende Zersiedelung der Landschaft und die Versiegelung der Böden die Umwelt belasten.

Wer umweltfreundlich leben möchte, kann deshalb auch an seinem Wohnraum ansetzen und sich „verkleinern" – zum Beispiel, wenn die Kinder aus dem Haus sind oder wenn bei Renteneintritt das Arbeitszimmer nicht mehr benötigt wird.

MINIMALISTISCH WOHNEN

Sogenannte Tiny Houses sind für das Leben auf kleinstem Raum konzipiert und werden immer beliebter. Zahlreiche Informationen, Quellen für Baupläne und Tipps zur Standortsuche findest du unter anderem auf ⊕ *tiny-houses.de.*

---

35 Institut der deutschen Wirtschaft Köln Medien GmbH (Hrsg.): Wohnfläche je Einwohner – Quadratmeter. Online verfügbar unter https://www.deutschlandinzahlen.de/tab/deutschland/infrastruktur/gebaeude-und-wohnen/wohnflaeche-je-einwohner (abgerufen am 23.03.2021).
36 Deutschlandradio (Hrsg.): Gemeinsamer Wohnraum ist ökologischer. Online verfügbar unter https://www.deutschlandfunknova.de/beitrag/oekologischer-fussabdruck-hoher-wohnraumkonsum-sorgt-fuer-grossen-co2-abdruck (abgerufen am 23.03.2021).

❤ Kleiner Aufkleber – große Wirkung

Für Werbepost, die oft ungelesen vom Briefkasten direkt ins Altpapier wandert, werden Bäume gefällt und Wasser und Energie verbraucht. Was viele nicht wissen: Es gibt gleich mehrere Möglichkeiten, wie sich die unerwünschte Werbeflut eindämmen oder ganz abstellen lässt:

- Mit einem einfachen Aufkleber „Bitte keine Werbung" ist schon viel erreicht, denn er untersagt den Einwurf unadressierter Prospekte und Handzettel. Für kostenlose Zeitungen, die einen redaktionellen Teil enthalten, ist der Zusatz „keine Handzettel, keine Wurfsendungen, keine kostenlosen Zeitungen und Wochenblätter" erforderlich.

- Um Werbung aus Direktmarketingaktionen zu vermeiden wie zum Beispiel Kataloge von Versandhäusern, bei denen man schon einmal bestellt hat, ist es möglich, die eigene Adresse in die beiden Robinsonlisten ⊕ *robinsonliste.de* (I.D.I. Interessenverband Deutsches Internet e. V.) und ⊕ *ichhabediewahl.de* (DDV Deutscher Dialogmarketing Verband e. V.) einzutragen. Viele Unternehmen, die Mitglied in einem der beiden Verbände sind, verpflichten sich freiwillig selbst, die Robinsonlisten mit ihren Kundendaten abzugleichen und solche Kunden auszusortieren, die keine Werbung erhalten wollen.

- Wenn das alles nichts nutzt, lässt sich gegen Direktmarketing-Aktionen auch ein Widerspruch auf Basis von Artikel 21 der DSGVO (Datenschutz-G rundverordnung) einlegen. Denn Firmen, die personalisiertes Marketingmaterial verschicken, müssen akzeptieren, wenn ihnen per Widerspruch mitgeteilt wird, dass sie persönliche Daten für solche Maßnahmen nicht (mehr) nutzen dürfen. Dafür ist die sicherste und zumeist wirksamste Methode, den Widerspruch auszudrucken und per Einschreiben mit Rückschein abzuschicken. Wem das zu teuer ist, der kann es zunächst per E-Mail versuchen und den Brief erst dann abschicken, wenn die elektronische Version keine Wirkung zeigt.

Eine Druckvorlage für den Widerspruch nach Art. 21 DSGVO kannst du auf dieser Seite herunterladen:

⊕ *smarticular.net/werbung-abbestellen*

⅋ Küchenabfälle im Haushalt verwerten

Viele Küchenabfälle machen sich noch im Haushalt nützlich und ersetzen das eine oder andere Produkt samt Verpackung. Die Innenseite ausgepresster Zitrusfrüchte ist beispielsweise ein wirksamer Kalklöser und befreit Oberflächen in Küche und Bad von unschönen Wasserflecken. Alternativ dienen Zitrusschalenreste als natürlicher Klarspüler in der Spülmaschine, in dem sie einfach im Besteckkorb mitgespült werden.

Kartoffelschalen (siehe S. 45) gehören ebenfalls zu den natürlichen Reinigungsmitteln, die Spiegel, Fenster und Edelstahlflächen wieder zum Strahlen bringen. Dazu wird die Fläche einfach mit der feuchten Innenseite eingerieben und mit einem trockenen Tuch nachpoliert.

Als biologischer Geruchsentferner mindert trockener Kaffeesatz unangenehme Gerüche in Schuhen oder im Auto. Alternativ dient er als natürliches Scheuermittel, um Ablagerungen kratzerfrei zu entfernen.

REINIGER AUS ORANGENSCHALEN

Mit etwas Geduld entsteht aus Essig und Zitrusschalen in zwei bis drei Wochen ein effektiver Allzweckreiniger. Wie das genau geht, erfährst du unter:
⊕ *smarticular.net/ zitrus-reiniger*

Putzen

♥ Reinigungsprodukte ohne Mikroplastik

Mikroplastik ist ein weltweit wachsendes Problem, denn die teilweise mikroskopisch kleinen Plastikpartikel lassen sich inzwischen überall nachweisen – im Boden, im Meer und sogar im menschlichen Körper. Statt auf Verbote und Regulierungen zu warten, vermag jeder von uns im Alltag vieles zu tun, um zu vermeiden, dass die problematischen Kunststoffe in die Umwelt gelangen.

In Putz- und Waschmitteln kommt Mikroplastik insbesondere in Form flüssiger Polymere vor, von denen Schätzungen zufolge hierzulande insgesamt mehr als 23 000 Tonnen pro Jahr ins Abwasser gelangen.[37] Unter anderem an folgenden Bezeichnungen erkennst du schädliches Mikroplastik in Wasch- und Putzmitteln und kannst dich für ein Produkt ohne diese Stoffe auf der Liste der Inhaltsstoffe entscheiden:

SCHADSTOFFE IN REINIGUNGS-PRODUKTEN

Mehr Informationen dazu, wie sich nicht nur Mikroplastik, sondern auch andere bedenkliche Inhaltsstoffe in Putz- und Waschmitteln vermeiden lassen, findest du hier:

⊕ *smarticular.net/ schadstoffe-reiniger*

- Acrylisches Styrolcopolymer
- Polyethylene Terephthalate
- Sodium Polyacrylate
- Polyvinylpyrrolidone (PVP)
- Styrene/Acrylates Copolymer

Da immer neue Zutaten auf den Markt kommen und manche unter verschiedenen Bezeichnungen aufgeführt werden, ist es schwierig, alle umweltbelastenden Inhaltsstoffe zu erkennen und beim Kauf auszuschließen. Deshalb ist es sinnvoll, das eine oder andere Produkt durch selbst gemachte Alternativen zu ersetzen, von denen zahlreiche in diesem Buch vorgestellt werden und bei denen man genau weiß, was sie enthalten.

---

37 Fraunhofer Institut für Umwelt-, Sicherheits- und Energietechnik Umsicht (Hrsg.) (2018): Kunststoffe in der Umwelt: Mikro- und Makroplastik. Ursachen, Mengen, Umweltschicksale, Wirkungen, Lösungsansätze, Empfehlungen. Online verfügbar unter https://www.umsicht.fraunhofer.de/content/dam/umsicht/de/dokumente/publikationen/2018/kunststoffe-id-umwelt-konsortialstudie-mikroplastik.pdf (abgerufen am 25.03.2021).

❦ Putzmittel als Konzentrate und Tabs

Statt Geschirrspülmittel, Badreiniger, Universalreiniger, Glasreiniger & Co. in einer herkömmlichen Einwegverpackung zu kaufen, besteht bei immer mehr Produkten die Möglichkeit, ein Konzentrat zu verwenden. Als Flüssigkonzentrat (z. B. von ⊕ *twentyless.de)*, als Pulver (z. B. von ⊕ *moanah.com)* oder in Form von Tabletten (z. B. von ⊕ *everdrop.de* und ⊕ *biobaula.com*) sparen die Produkte viel Müll und Transportgewicht ein und entlasten so die Umwelt gleich zweifach. Auch bei den Inhaltsstoffen achten die Hersteller auf eine gute biologische Abbaubarkeit.

Die Mittel werden einfach in Wasser aufgelöst bzw. mit der passenden Menge Wasser vermischt, und schon kann wie gewohnt geputzt werden. Das Angebot an solchen alternativen Putzmittelkonzentraten wächst stetig. Viele sind in Bioläden und Drogerien erhältlich, einige lassen sich nur über den Onlineshop des Herstellers erwerben.

⚡ Toilette reinigen mit Hausmitteln

Damit die Toilettenschüssel strahlt, bedarf es keiner scharfen Reinigungsmittel. Selbst hartnäckigen Urinstein bekommt man auch mit umweltfreundlichen Hausmitteln in den Griff (siehe S. 150). Für die alltägliche Reinigung lässt sich ein WC-Reiniger aus wenigen Zutaten selber machen und immer wieder in dieselbe Dosierflasche füllen. Dafür sind folgende Zutaten erforderlich:

2 EL	Speisestärke
2 EL	kristalline Zitronensäure
10 ml	umweltfreundliche Flüssigseife oder Biospülmittel
500 ml	Leitungswasser
100 ml	abgekochtes Wasser

So gehst du vor:

1. 100 Milliliter Wasser abkochen und zum Abkühlen zur Seite stellen.

2. Die Speisestärke mit 2–3 Esslöffeln Wasser zu einem Brei verrühren und diesen dann in 500 Milliliter Wasser einrühren. Die Mischung kurz aufkochen und dabei stetig rühren, damit sich keine Klumpen bilden. Es sollte eine zähflüssige, milchige Masse entstehen.

3. In das zuvor abgekochte Wasser Zitronensäure einrühren, bis sich alle Kristalle im Wasser aufgelöst haben, und dann das Spülmittel bzw. die Flüssigseife hinzufügen.

4. Die entstandene Flüssigkeit mit dem Wasser-Speisestärke-Gemisch vermengen und in die bereitgestellte Flasche abfüllen.

Durch das Abkochen und aufgrund des sehr niedrigen pH-Werts ist der Reiniger problemlos mehrere Monate lang verwendbar. Er wird genauso angewendet wie herkömmlicher WC-Reiniger: auftragen, einwirken lassen, nachbürsten und spülen, fertig.

⩔ Hausmittel gegen Urinstein

Mit den richtigen Haus- und Hilfsmitteln gelingt es dir, deine Keramik umweltfreundlich und preiswert selbst von festsitzendem, hartnäckigem Urinstein zu befreien:

Mit Natron und Essig: Verteile ein bis zwei Tassen Haushaltsessig in der Toilettenschüssel, streue zwei bis drei Esslöffel Natron darüber und verteile das Pulver mit der Klobürste auf den besonders stark betroffenen Stellen. Mindestens fünfzehn Minuten lang einwirken lassen, die Oberflächen noch einmal kräftig mit der Bürste bearbeiten und gründlich nachspülen. Wenn noch nicht alle Rückstände verschwunden sind, empfiehlt es sich, die Anwendung zu wiederholen.

Mit Cola: Vielleicht hast du von der letzten Party noch einen Rest des Getränks übrig. Statt die Brause zu trinken, probiere doch mal, sie in die Toilettenschüssel zu gießen und über Nacht einwirken zu lassen. Die enthaltene Zitronen- und Phosphorsäure löst Verkrustungen, sodass sie sich am nächsten Morgen leichter wegbürsten lassen.

⊕ *smarticular.net/urinstein*

🐾 Abfluss reinigen mit Hausmitteln

Verstopfte Abflüsse in Küche und Bad sind ärgerlich – am einfachsten und umweltfreundlichsten lassen sie sich von Hand reinigen, indem der Abfluss abgeschraubt und der Siphon gründlich ausgeputzt wird. Doch nicht immer ist das die beliebteste Lösung, oder Ausbau und Reinigung sind gar nicht ohne Weiteres möglich, zum Beispiel bei Duschen oder Badewannen. In diesem Fall helfen einfache Hausmittel wie beispielsweise Essig und Soda, die vollständig abgebaut werden und die Umwelt nicht belasten.

Wenn der Abfluss mal verstopft ist, gib vier Esslöffel Soda (siehe S. 156) oder Natron (siehe S. 154) in den Ausguss und gieße eine halbe Tasse Tafelessig (siehe S. 153) hinterher. Auf keinen Fall mehr Soda bzw. Natron verwenden, weil das Pulver mit dem Essig zu einem Natriumsalz reagiert, das sonst selbst für eine Verstopfung sorgen könnte. Sofort fängt die Mischung an zu schäumen. Dabei werden festsitzende Seifen-, Kalk- und Schmutzreste gelockert. Spüle nach zwei bis drei Minuten Einwirkzeit mit reichlich heißem Wasser nach, sodass der gelockerte Schmutz abtransportiert werden kann. Mehr natürliche Hilfsmittel gegen verstopfte Abflüsse:

🌐 *smarticular.net/abfluss-reinigen*

ϑ Fensterreiniger aus drei Zutaten

Wenn du einen Fensterreiniger aus wenigen Hausmitteln selbst herstellst, kannst du die Zutaten selbst bestimmen und so bedenkliche Zusätze umgehen. Der folgende DIY-Reiniger spart zudem Geld und hilft, Verpackungsmüll zu vermeiden.

Für circa 500 Milliliter universelles Fensterspray, das auch hartnäckigen Schmutz entfernt, werden benötigt:

250 ml Wasser

250 ml Spiritus (am besten Bioethanol aus dem Baumarkt)

2–3 TL Essig

leere Sprühflasche
(z. B. vom alten Reiniger)

Gib einfach alle Zutaten in die Sprühflasche und schüttle sie leicht. Fertig ist das selbst gemachte Putzmittel für streifenfreien Glanz! Der enthaltene Spiritus (vergällter Alkohol) löst wirksam Fett und Schmutz, sodass die Fenster schnell sauber werden und streifenfrei trocknen. Essig (siehe S. 153) hat eine desinfizierende, fett-, kalk- und rostlösende Wirkung.

Das Spray wird genauso angewendet wie herkömmliches Fensterspray: Die Scheiben einsprühen und mit einem feuchten Lappen nachwischen. Bei Bedarf wiederholen. Anschließend mit einer Gummilippe abziehen, mit einem Fenstertuch nachpolieren und Fensterrahmen und Dichtungen gründlich trocken wischen.

⊕ *smarticular.net/fensterreiniger*

Waschen

⏱ Flecken entfernen mit Hausmitteln

Statt auf spezielle Fleckentferner zurückzugreifen, empfiehlt es sich, natürliche Hausmittel zu benutzen, die Verschmutzungen auf Kleidung, Bettwäsche oder Polstern genauso wirksam entfernen. Sie sind meist viel umweltfreundlicher und dazu noch preiswerter als käuflicher Fleckentferner. Für die meisten häufig vorkommenden Flecken gibt es ein oder gleich mehrere milde Hausmittel, wie der folgenden Tabelle zu entnehmen ist.

Verschmutzung	Passendes Hausmittel
Eingetrocknetes Blut	Paste aus Natron und Wasser auftragen
Fett	Speisestärke oder Mehl auf dem Fleck verteilen
Frisches Blut	Mit kaltem Wasser auswaschen
Gras	Mit leicht aufgeschlagenem Eiweiß bestreichen (ideal für Eiweißreste)
Make-up	Paste aus Natron und Wasser auftragen
Rotwein	Salz auftragen
Schweiß	Mit Essig besprühen oder in Wasser mit Zitronensäure einweichen
Tinte	Alkohol auftragen
Kaugummi	Einfrieren und abkratzen
Wachs	Löschpapier auflegen und ausbügeln

Nachdem das jeweilige Mittel eine Zeit lang einwirken konnte, wird das Kleidungsstück normal gewaschen. Die Flecken sind im Anschluss deutlich reduziert oder bestenfalls vollständig verschwunden. Weitere Anleitungen zur umweltfreundlichen Fleckenentfernung findest hier:

⊕ *smarticular.net/flecken-entfernen*

🐾 Grauschleier mit Hausmitteln entfernen

Bei weißer Wäsche und hellen Textilien kann mit der Zeit ein unansehnlicher Grauschleier entstehen. Statt zu einem aggressiven Bleichmittel zu greifen, lassen sich die meisten Textilien auch mit einfachen Hausmitteln wieder zum Leuchten bringen.

Ein mehrstündiges Bad in einer Schüssel mit Wasser mit einem Teelöffel Natron (siehe S. 154) hellt weiße Textilien wieder auf, ohne dass umweltschädliche Substanzen freigesetzt werden. Stärker vergraute oder vergilbte weiße Textilien werden am besten mit einigen Esslöffeln Sauerstoffbleiche (siehe S. 152) im Waschmittelfach gewaschen. Zusätzlich lassen sie sich beim Trocknen unter freiem Himmel durch die Wirkung des UV-Lichts und des Sauerstoffs schonend aufhellen. Eine Tasse Haushaltsessig im Weichspülfach sorgt bei Buntwäsche wieder für mehr Strahlkraft der Farben.

🐾 Trocknernutzung reduzieren

Wenn anstelle des Wäschetrockners öfter mal die Wäscheleine verwendet wird, um Kleider, Handtücher & Co. zu trocknen, lässt sich besonders viel Energie auf einmal einsparen. Denn vor allem ältere Geräte verbrauchen leicht mehrere Kilowattstunden Strom, um eine Ladung Wäsche zu trocknen.

Was viele nicht wissen: Selbst bei Frost kann die Wäsche im Freien getrocknet werden. Denn bei Temperaturen unter dem Gefrierpunkt wird das Wasser in den Textilien zunächst zu Eis und geht dann durch Sublimation direkt in den gasförmigen Zustand über. Durch Wind wird dieser praktische Effekt der Kältetrocknung noch verstärkt.

Bei Regenwetter ist es empfehlenswert, den Wäscheständer in einem möglichst großen Raum aufzustellen und die Luftfeuchtigkeit durch häufiges Lüften in Grenzen zu halten. So trocknet die Wäsche schneller, wird nicht muffig, und die Schimmelgefahr in feuchten Räumen wird reduziert.

❡ Weichspüler-Ersatz

Es gibt einige einfache, ökologische und auch besonders preiswerte Weichspüler-Alternativen, die für kuschelig weiche Wäsche sorgen. Die einfachste davon ist, einen Schuss Tafelessig statt Weichspüler ins entsprechende Fach der Waschmaschine zu geben. Er verhindert, dass sich der Kalk des Wassers im Stoff festsetzt, und macht so die Wäsche weich. Nebenbei lässt er die Farben der Wäschestücke erstrahlen, entkalkt und desinfiziert mit jeder Wäsche schonend die gesamte Waschmaschine. Die Wäsche riecht nach dem Waschen nicht sauer, sondern einfach natürlich frisch.

Entgegen häufig anzutreffender Vorurteile braucht man sich dabei aber nach unserer Erfahrung und derjenigen zahlloser Leserinnen und Leser nicht die Waschmaschine zu sorgen, denn der Essig gelangt nie pur in die Maschine, sondern wird stets mit eine großen Menge Wasser verdünnt.

Als Weichspüler für weiße Wäsche hat sich auch Zitronensäure bewährt: Einfach vor dem Waschen einen Teelöffel Zitronensäurepulver in das Weichspülerfach geben, und die Wäsche wird weich und zusätzlich ein wenig gebleicht. Wie auch Natron und Soda den Weichspüler spielend ersetzen können, erfährst du hier:

⊕ *smarticular.net/weichspueler*

❦ Hygienespüler ersetzen

Hygienespüler versprechen hygienisch saubere und wohlriechende Wäsche auch bei niedrigen Temperaturen. Sie enthalten biozide Wirkstoffe und töten Bakterien, Viren und Pilze zuverlässig ab. Die meist aggressiven Inhaltsstoffe sind jedoch nur schwer biologisch abbaubar und wirken schädlich auf Wasserorganismen. Hygienespüler einzusetzen, ist fast immer unnötig, denn mit haushaltsüblichen Mitteln lässt sich die Keimbelastung bereits angemessen reduzieren, und eine sterile Umgebung ist dank unseres Immunsystems auch gar nicht notwendig.

DESINFEKTIONSMITTEL IM ALLTAG ÜBERFLÜSSIG

Das Bundesinstitut für Risikobewertung empfiehlt, Hygienespüler und andere Desinfektionsmittel in privaten Haushalten nur in Ausnahmefällen zu nutzen[38] – zum Beispiel bei einer hochansteckenden Krankheit wie dem Norovirus oder wenn eine immungeschwächte Person im Haushalt lebt. Dabei ist es grundsätzlich sinnvoll, notwendige Hygienemaßnahmen mit dem behandelnden Arzt abzustimmen.

Herkömmlicher Tafelessig (siehe S. 153) tötet beispielsweise dank seiner antibakteriellen Wirkung schon ab einer Konzentration von einem Prozent zuverlässig fast alle Viren, Bakterien und Pilze ab. Einfach einen Teil Essig mit vier Teilen Wasser in einer Schüssel mischen, die Wäsche etwa 30 Minuten lang darin einweichen und anschließend wie gewohnt waschen.

Sauerstoffbleiche (siehe S. 152) wirkt ebenfalls desinfizierend und ist dabei unbedenklich für Gesundheit und Umwelt. Um Waschmaschine und Wäsche von Keimen zu befreien und zu verhindern, dass sich Schmutz ablagert, werden ein bis zwei Esslöffel Sauerstoffbleiche zum Waschmittel gegeben und dann wie gewohnt gewaschen. Bei einer Waschtemperatur von 60 °C entfaltet der Aktivsauerstoff seine Wirkung besonders intensiv. Wenn die Waschmaschine bereits muffig riecht, hilft ein Leerdurchlauf bei 90 °C mit 100 Gramm Sauerstoffbleiche, ins Waschmittelfach gegeben, um Rückstände restlos zu beseitigen.

---

38 Pieper, Christina; Schwebke, Ingeborg; Noeh, Ingrid; Uhlenbrock, Katharina; Hübner, Nils-Olaf; Solecki, Roland (2014): Antimikrobielle Produkte im Haushalt – eine Betrachtung zu Auswirkungen auf Gesundheit und Umwelt sowie zum Nutzen für den Anwender. Online verfügbar unter https://mobil.bfr.bund.de/cm/343/antimikrobielle-produkte-im-haushalt.pdf (abgerufen am 25.03.2021).

♻ Waschmittel aus der Natur

Rosskastanien und die Blätter des gemeinen Efeus enthalten viele Saponine – also chemische Verbindungen, die seifenartige Eigenschaften aufweisen, wenn sie in Wasser gelöst werden. Deshalb lässt sich aus gewöhnlichen Kastanien oder aus Efeu, der fast überall wild wächst, wirksames, komplett biologisch abbaubares Waschmittel herstellen, und das auch noch kostenlos!

Wenn du das Waschen mit Rosskastanien einfach mal probieren möchtest, dann wähle am besten testweise eine durchschnittlich verschmutzte Ladung Buntwäsche und gehe wie folgt vor:

1. Für eine Ladung Wäsche fünf bis acht frische Kastanien in kleine Stücke schneiden (für weiße Wäsche die Kastanien am besten schälen, um Verfärbungen zu vermeiden).

2. Die Kastanienstücke mit 300 Milliliter Wasser in einen Topf geben, etwa 15 Minuten sanft köcheln und dann abkühlen lassen. Alternativ Wasser und Kastanien in einem Glas bis zu acht Stunden ziehen lassen, ohne sie zu erhitzen.

3. Zum Waschen die Flüssigkeit durch ein Sieb ins Waschmittelfach geben. Bei hartem Wasser empfiehlt es sich, ein bis zwei Teelöffel Waschsoda als Enthärter hinzuzufügen (außer bei tierischen Fasern wie Wolle und Seide, da es die Fasern aufquellen lässt).

 ⊕ *smarticular.net/kastanien-waschmittel*

Efeu-Waschmittel herzustellen, ist genauso einfach:

1. Eine Handvoll Efeublätter (etwa 30 Gramm) mit 300 Millilitern gekochtem, noch heißem Wasser in einem Gefäß übergießen und das Gefäß verschließen.

2. Den Sud mehrere Stunden lang ziehen lassen, bis sich beim Schütteln Schaum bildet.

3. Die Waschlösung durch ein Sieb in das Waschmittelfach für den Hauptwaschgang gießen und die Wäsche dann wie gewohnt waschen.

Optional lassen sich auch bei dieser Waschmittel-Variante ein bis zwei Teelöffel Soda für eine stärkere Waschleistung (nicht für Wolle und Seide) sowie zwei bis drei Teelöffel Sauerstoffbleiche für strahlend weiße Wäsche hinzufügen.

🌐 *smarticular.net/efeu*

🦶 Waschen ohne Waschmittel

Wage doch mal das Experiment, komplett ohne Waschmittel zu waschen. Denn die Wäsche wird oft auch ganz ohne Seife und andere Zusätze sauber, da die Wärme, die Reibung und das Spülen mit Wasser den Großteil der Reinigungswirkung ausmachen. Allein dadurch wird der Schmutz aus den Kleidungsstücken gespült, genauso wie mit einer Handwäsche unter klarem Wasser. Das reicht sicherlich nicht immer aus, aber bei nur kurz getragener Wäsche ist es hin und wieder den Versuch wert.

Manchmal reicht es auch aus, die Kleidung im Freien zu lüften, um sie aufzufrischen. Im Winter eignet sich dafür zum Beispiel die Heizung, da die warme, aufsteigende Luft die Textilien von Gerüchen befreit. Auf diese Weise sparst du gleich einen ganzen Waschgang. Wolle neutralisiert schlechte Gerüche von selbst auf natürliche Weise und braucht deshalb generell nur selten gewaschen zu werden. Auslüften reicht oft aus und schont die Fasern.

⊕ *smarticular.net/waschmittel-sparen*

❦ Öfter mal kalt waschen

KALTWASCH-PROGRAMM

Seit dem 1. Dezember 2013 müssen gemäß EU-Ökodesign-Richtlinie [39] Waschmaschinen über ein Kaltwaschprogramm mit maximal 20 °C verfügen. Bei vielen modernen Maschinen lässt sich die Temperatur aber auch unabhängig vom Programm reduzieren. Wer eine ältere Waschmaschine besitzt, kann für die Kaltwäsche das Woll- und Feinwaschprogramm nutzen.
🌐 *smarticular.net/ kalt-waschen*

In anderen Ländern weitverbreitet, ist die Kaltwäsche bei uns eher unbekannt. Dabei lohnt es sich, eine sogenannte Kaltwäsche bei lediglich 20 °C oder weniger auszuprobieren, wenn die Wäsche nur leicht verschmutzt ist oder wenn es lediglich darum geht, unangenehme Gerüche zu entfernen. Die Vorteile von kalt gewaschener Wäsche liegen vor allem darin, dass sich auf diese Art und Weise jede Menge Energie, Geld und CO_2 sparen lassen. Darüber hinaus werden die Fasern der Wäschestücke bei niedriger Temperatur weniger strapaziert, was ihnen eine längere Lebensdauer ermöglicht.

Die Wäsche mit kaltem Wasser zu waschen, gelingt am besten, wenn folgende Punkte beachtet werden:

- Eine verringerte Temperatur wird am besten mit einer etwas längeren Waschdauer kombiniert. So lässt sich Energie sparen, und die Wäsche wird durch ausreichendes Einweichen und genügend Reibung trotzdem sauber. Kurzprogramme sind deshalb für die Kaltwäsche eher ungeeignet.

- Einige Waschmittel sind für die Kaltwäsche optimiert. Insbesondere bei fleckiger oder stark müffelnder Kleidung lohnt es sich, ein kaltaktives Produkt zu wählen.

- Flecken werden am besten vor der Wäsche mit einem umweltfreundlichen Fleckenmittel (siehe S. 137) vorbehandelt.

- Mit einer 60-°C-Wäsche einmal im Monat (zum Beispiel mit Handtüchern) und mit einer regelmäßigen Reinigung der Waschmaschine wird Ablagerungen und Keimen in der Waschmaschine vorgebeugt.

---

39 Umweltbundesamt (Hrsg.) (2012): Hintergrund. Ökodesign-Richtlinie und Energieverbrauchskennzeichnung Haushaltswaschmaschinen. Online verfügbar unter https://www.umweltbundesamt.de/sites/default/files//481/dokumente/datenblatt_1015-2010_haushaltswaschmaschinen.pdf (abgerufen am 25.03.2021).

❦ Waschmittel richtig dosieren

Bei der Verwendung eines Vollwaschmittels reicht oft schon die geringste Dosierung, die der Hersteller empfiehlt. Gegen besonders kalkhaltiges Wasser können dann zusätzlich ein bis zwei Esslöffel preiswertes Soda (siehe S. 156) zugegeben werden (außer bei Seide, Wolle und anderen feinen Geweben). Das vermeidet eine Überdosierung des Waschmittels, was nicht nur unnötig Geld kostet, sondern auch das Risiko erhöht, dass sich Reste davon im Gewebe der Kleidung ablagern. Auch in der Waschmaschine bilden sich dadurch Rückstände, die einen Nährboden für Keime und Bakterien abgeben. Noch leichter lassen sich Fehldosierungen mit unserem Baukastenwaschmittel (siehe S. 148) vermeiden.

❦ Die Waschmaschine nicht überfüllen

Wenn du mindestens eine Handbreit Platz zwischen der noch trockenen Wäsche und der oberen Trommelwand lässt, sorgt das für eine besonders gute Waschwirkung, die unter anderem dadurch zustande kommt, dass die Teile durch die Trommeldrehungen aneinanderreiben. Bei besonders empfindlichen Stoffen ist noch etwas mehr Platz zu empfehlen.

❦ Wäsche nach dem Waschen gleich aufhängen

Damit Textilien und die Waschmaschine möglichst lange halten und nicht zu müffeln anfangen, empfiehlt es sich, die Wäsche möglichst gleich nach dem Waschen aus der Trommel zu nehmen und zu trocknen. Wenn die Tür der Maschine und das Waschmittelfach eine Zeit offen bleiben, kann auch die Restfeuchtigkeit aus der Maschine entweichen, was Bakterien und Keimen keine Chance lässt, sich zu verbreiten.

⚘ Die Wäsche auch nach Material sortieren

Statt die Schmutzwäsche nur nach Farben und/oder Waschtemperatur zu sortieren, ist es sinnvoll, auch eine Unterscheidung nach Material vorzunehmen. Denn so lässt sich stets die zum Material passende geringstmögliche Temperatur, Waschmitteldosierung und Schleuderdrehzahl wählen.

Häufig verwendete Fasern und das dazu passende Waschprogramm:

Material	Waschprogramm
Baumwolle	Normalwäsche bei max. 60 °C (z. B. Handtücher, Unterwäsche)
	Pflegeleicht bei max. 30 °C (z. B. farbintensive, bedruckte Shirts)
Wolle	Wollwaschgang bei max. 30 °C
Seide	Feinwäsche bei max. 30 °C
Hanf	Pflegeleicht bei max. 30 °C
Kunstfasern	In der Regel pflegeleicht bei max. 30 °C (am besten so kurz wie möglich waschen, damit weniger Mikroplastik entsteht)

Da viele Textilien aus Mischgeweben bestehen, lohnt sich immer ein Blick aufs Etikett im Kleidungsstück. Neben der passenden Waschtemperatur finden sich dort weitere nützliche Angaben.

🌱 Die Waschmaschine pflegen

Wenn die Waschmaschine regelmäßig gereinigt wird, können sich keine Keime, Bakterien und Rückstände wie Kalk oder auch Kalkseife ansammeln. Die Maschine dankt es dir mit einem langen Leben.

So wird die Waschmaschine am besten umweltfreundlich gepflegt und gereinigt:

- das Waschmittelfach ganz herausziehen und von allen Rückständen außen und innen gründlich reinigen

- den Dichtungsgummi von Frontladern alle paar Wochen zurückklappen, von Flusen u. Ä. befreien und mit einem milden Reiniger säubern

- das Flusensieb regelmäßig entleeren

- den Abwasserschlauch ab und an durchspülen

- die Trommel von innen etwa viermal im Jahr durch einen Waschgang bei niedrigster Temperatur mit einem Schuss oder bis zu einem halben Liter (bei stark verschmutzter Trommel) Tafelessig, ins Waschmittelfach oder direkt in die Trommel gegeben, von allen Rückständen befreien

⊕ *smarticular.net/waschmaschine-reinigen*

❦ Baukasten-Waschmittel selber machen

Egal ob Weißwäsche, Kochwäsche, Buntwäsche – um umweltfreundlich und äußerst kostengünstig zu waschen, reichen drei einfache Zutaten aus, die sich jeder selbst zu einem praktischen Baukasten-Waschmittel zusammenstellen kann.

Unser Baukasten besteht aus folgenden drei Komponenten:

- Waschsoda zur Wasserenthärtung
- Geriebene Kernseife, nicht überfettet und am besten ohne Palmöl, als waschaktive Substanz
- Sauerstoffbleiche, ein umweltfreundliches Bleichmittel, das hartnäckige Flecken beseitigt und Grauschleier verhindert

Mit diesen einfachen Zutaten können fast alle Wäschearten und Spezialfälle effektiv gewaschen werden. Lediglich für Wolle und Seide sowie für Feinwäsche empfiehlt sich spezielles Fein- und Wollwaschmittel, weil die empfindlichen Fasern basische Waschlauge mit Soda nicht gut vertragen.

Waschsoda (zur Wasserenthärtung)		
	hart:	6 TL
Dosierung je nach Wasserhärte	mittel:	4 TL
	weich:	2 TL
Kernseife (waschaktive Substanz)		
	stark:	3 TL
Dosierung je nach Verschmutzung	mäßig:	2 TL
	leicht:	1 TL
Sauerstoffbleiche (zur Entfernung von Flecken und Grauschleier)		
Stark verschmutzte Weißwäsche		2–3 TL
Leicht verschmutzte Weißwäsche/ Buntwäsche mit Flecken		1 TL

Die Dosierung der drei Komponenten ist sehr einfach. Sie kommen direkt ins Waschmittelfach gemäß nebenstehender Tabelle.

So gelingt die Wäsche mit dem Baukastenwaschmittel am besten:

- Um die benötigte Menge Soda zu ermitteln, lässt sich beim örtlichen Wasserwerk der Härtegrad des Leitungswassers erfragen.

- Die Kernseife wird am besten mit einer Küchenreibe fein gerieben, damit sie sich schnell im Wasser auflöst. Alternativ ist auch fertig geriebene Kernseife im Handel erhältlich.

- Anstelle von Kernseife eignet sich auch Kastanien- oder Efeuwaschmittel (siehe S. 142) in der gewohnten Dosierung.

- Bei Buntwäsche ohne Flecken kann das Bleichmittel ganz wegfallen, um die Farben zu schonen.

- Als Weichspüler-Alternative empfiehlt sich Tafelessig mit fünf Prozent Säure (oder Essigessenz im Verhältnis 1 : 4 mit Wasser verdünnt, siehe S. 139). Er macht die Fasern weich, verhindert Kalkablagerungen und entfernt etwaige Seifenrückstände. Einfach einen Schuss Essig ins Weichspülerfach geben.

Probiere es doch einfach mal aus! Womöglich ist es nötig, die Dosierung für deine spezielle Situation und deine Maschine noch ein wenig anzupassen. Aber nach wenigen Waschgängen mit dem Baukastenwaschmittel weißt du genau, wie alle Zutaten für ein optimales Waschergebnis zu dosieren sind.

⊕ smarticular.net/baukasten-waschmittel

Umweltfreundliche Hausmittel

❦ Kernseife

REZEPT FÜR WASCHPULVER

100 Gramm geriebene Kernseife, gemischt mit 150 Gramm Soda und 150 Gramm Natron, ergeben ein ergiebiges Waschpulver, das ohne umweltbelastende Inhaltsstoffe auskommt.

Lange Zeit wurde Kernseife zum Waschen (siehe S. 137), Putzen und für die Körperpflege genutzt und macht auch heute noch zahlreiche Spezialprodukte überflüssig. Im Vergleich zu normaler Seife ist Kernseife in der Regel frei von überschüssigem Fett und Zusatzstoffen. Keine Duft- oder Farbstoffe – einfach reine Seife! Deshalb bietet sie insbesondere Allergikern und Menschen mit empfindlicher Haut eine willkommene Alternative zu vielen herkömmlichen Produkten.

Kernseife ist härter als herkömmliche Seifen und nahezu unbegrenzt haltbar. Gleichzeitig wirkt sie alkalischer, wenn sie in Wasser gelöst wird, und hat dadurch eine stärkere Reinigungswirkung. Zahlreiche Rezepte und Anwendungsmöglichkeiten für Kernseife findest du hier:

⊕ *smarticular.net/kernseife*

Einige Kernseifen enthalten Palmöl (siehe S. 32), tierische Fette oder sind in Plastik verpackt. Um das richtige Produkt für deine Ansprüche zu finden, hilft die folgende Übersicht.

Die richtige Kernseife kaufen

Produkt	Ohne Palmöl	Vegan	Ohne EDTA	Ohne Plastikverpackung
dalli Haushaltskernseife	✔	✖	✖	✖
hello simple Haushaltskernseife	✔	✔	✔	✔
Kappus Reine Kernseife	✔	✖	✔*	✔*
Klar Kernseife	✔	✔	✔	✔
Patounis Kernseife aus Olivenkernöl	✔	✔	✔	✔
sonett Kernseife	✖	✔	✔	✔
Wasserrose Reine Kernseife	✔	✖	✔	✖

* je nach Produkt
Stand 03/2021

👣 Alkohol

Vor allem hochprozentiger Alkohol wie Wodka, Klarer oder Korn (mit rund 40 Vol.-%) ist ein vielseitiges Hausmittel, das sich zum Putzen, Waschen und für die Körperpflege verwenden lässt. Aber auch vergällte bzw. nicht zum Trinken geeignete hochprozentige Alkoholsorten wie Spiritus und Isopropanol machen sich im Haushalt nützlich und ersetzen so einige Spezialprodukte. Alkohol desinfiziert, konserviert, löst Fette und ist biologisch abbaubar. Diese Eigenschaften machen ihn zu einer hervorragenden Zutat für viele selbst gemachte Haushaltsreiniger und Pflegeprodukte.

Ein Schuss Spiritus im Fensterputzwasser sorgt beispielsweise für blitzblanke Fenster und ersetzt den Glasreiniger. Auch als Fleckenentferner eignet sich das Hausmittel gut. Besonders nützlich ist Alkohol beim Entfernen von Fettflecken. Aber auch Rostflecken, Tinte und Flecken von Fruchtsäften lassen sich damit behandeln.

Welcher Alkohol sich für welche Rezepte am besten eignet und welche Verwendungsmöglichkeiten es gibt, findest du hier:

⊕ *smarticular.net/alkohol-sorten*

FENSTERREINIGER SELBER MACHEN

Mit wenigen Handgriffen wird aus 50 Millilitern 40-prozentigem Alkohol (z. B. Wodka), 50 Millilitern destilliertem oder abgekochtem und abgekühltem Wasser und 15 Tropfen eines ätherischen Öls ein natürliches Deo. Einfach alle Zutaten in einen Pumpzerstäuber füllen und vor jeder Benutzung kurz schütteln.

✔ Sauerstoffbleiche

Die umweltfreundliche Sauerstoffbleiche lässt sich im Haushalt zum Reinigen, Bleichen und Desinfizieren verwenden. Ein bis zwei Esslöffel des Aktivsauerstoffs im Waschmittelfach hellen vergraute Wäsche wieder auf und ersetzen beispielsweise Hygienespüler (siehe S. 140), sind dabei aber vollkommen unbedenklich, denn bei der Anwendung zerfällt das Bleichmittel in die für Gesundheit und Umwelt unbedenklichen Bestandteile Wasser, Sauerstoff und Soda (siehe S. 156).

Dosierungsempfehlungen und weitere Anwendungsmöglichkeiten für Sauerstoffbleiche gibt es hier:

⊕ *smarticular.net/sauerstoffbleiche*

✔ Wasserstoffperoxid

Wasserstoffperoxid kennen viele vielleicht vom Haarefärben. Als vielseitiges Hausmittel ist es dagegen weniger bekannt. Im Haushalt lässt sich dreiprozentige Wasserstoffperoxidlösung (aus der Apotheke) beispielsweise verwenden, um Utensilien und Oberflächen zu desinfizieren. Statt einen muffigen Spülschwamm zu entsorgen, wird er einfach für 15 Minuten in eine Mischung aus einem Teil Wasser und einem Teil der dreiprozentigen Lösung gelegt und anschließend gründlich ausgewaschen. Auf Oberflächen oder im Kühlschrank entfernt Wasserstoffperoxid Bakterien und unangenehme Gerüche. Einfach besprühen, zwei Minuten einwirken lassen, abwischen, fertig!

Zur Körperpflege und als Naturheilmittel lässt sich Wasserstoffperoxid ebenfalls einsetzen, zum Beispiel als Deo-Alternative, zur Wunddesinfektion oder gegen Fußpilz, und macht durch seine Vielseitigkeit viele spezielle Pflegeprodukte entbehrlich.

Viele weitere Tipps und Verwendungsmöglichkeiten gibt es hier:

⊕ *smarticular.net/wasserstoffperoxid*

❦ Essig

Der in wohl jeder Küche vorhandene Essig kann weitaus mehr, als nur dem Salat eine schmackhaft-säuerliche Würze zu verleihen. Er ist auch ein vielseitig anwendbares Hausmittel für Haushalt und Gesundheit – zum Beispiel als Konservierungsmittel für Gemüse, als Hausmittel für die Gesundheit und als effektiver Haushaltsreiniger insbesondere gegen Kalk.

Für die meisten Anwendungen reicht gewöhnlicher weißer Tafelessig mit einem Essigsäuregehalt von fünf Prozent, wie er in allen Supermärkten erhältlich ist. Die mit 25 Prozent deutlich höhere Säurekonzentration der Essigessenz ist hingegen für die meisten Anwendungen nicht notwendig bzw. sollte entsprechend verdünnt werden. Mit Vorsicht bzw. nur kurzzeitig sollte Essig jedoch auf Oberflächen aus Naturstein, unbehandeltem Aluminium oder auf Silikonfugen verwendet werden, da er unter Umständen das Material angreifen könnte.

Durch seine desinfizierende Wirkung eignet sich Essig beispielsweise ideal, um Küchenutensilien und Arbeitsflächen zu entkeimen. Dafür einfach die Flächen mit Essig (5 Prozent) oder mit verdünnter Essigessenz (ein Teil Essigessenz, vier Teile Wasser) abreiben. Eine Reinigung mit verdünntem Essig hilft auch, den Kühlschrank von Keimen und Schmutz zu befreien. Dazu werden zwei Teile Wasser mit einem Teil Tafelessig vermischt und damit der Kühlschrank ausgewischt.

Umweltschädlichen Weichspüler ersetzt Haushaltsessig mühelos, denn er löst Kalkablagerungen von den Fasern und macht die Wäsche schön weich. Gib dazu anstelle von Weichspüler einen Schuss farblosen Tafelessig in das Weichspülerfach der Waschmaschine. Keine Sorge – in der Wäsche bleibt nach dem Trocknen kein Essiggeruch zurück. Auch der Waschmaschine schadet diese Behandlung nicht, weil der Essig stets nur stark verdünnt verwendet wird.

REZEPT FÜR GESICHTSWASSER

In selbst gemachtem Gesichtswasser klärt Apfelessig die Haut, verleiht Frische und einen jugendlichen Teint. Mische dazu Apfelessig und Wasser im Verhältnis 1 : 1 und wende die Mischung wie ein normales Gesichtswasser an. Die Essigbehandlung entfernt überschüssiges Fett, hilft gegen Entzündungen und reguliert auf natürliche Weise den pH-Wert der Haut.

ALLESKÖNNER ESSIG

Viele weitere Anwendungsbeispiele für Essig findest du hier:
🌐 *smarticular.net/essig*

Für die Hautpflege eignet sich insbesondere Apfelessig, der über 90 natürliche Wirkstoffe enthält, darunter Folsäure, Beta-Carotin, Vitamin C, Bioflavonoide, Tannine und organische Säuren. Mit seinem hautfreundlichen pH-Wert unterstützt der naturbelassene Essig die Widerstandskraft der Haut, statt sie zu schwächen, wie andere alkalische Mittel und Seifen dies tun. Er reinigt nicht nur die Haut auf sanfte Weise, sondern ist auch als Pflege zu empfehlen.

🌱 Natron

Natron ist ein äußerst preiswertes, universelles Hausmittel, das überwiegend in Vergessenheit geraten ist – zu Unrecht! Denn es gibt kaum einen Bereich, in dem sich der ungiftige, umweltschonende Alleskönner nicht verwenden ließe und so handelsübliche Putz- und Waschmittel, Pflegeprodukte und Küchenhelfer preiswert ersetzt.

NATRON-ALL-ZWECKREINIGER

Drei Teelöffel Natron, drei Teelöffel geriebene Kernseife, 700 Milliliter Wasser und optional drei bis fünf Tropfen ätherisches Öl. Kernseife und Wasser in einen Topf geben und langsam erhitzen. Kräftig mit einem Schneebesen rühren, bis sich die Seife gelöst hat. Abkühlen lassen und alle weiteren Zutaten zugeben. Fertigen Universalreiniger in eine Sprühflasche füllen.

Der Name Natron hat seinen Ursprung im Ägyptischen, wo der Wortstamm ntrj (= göttlich) für als heilig geltende Stoffe gebraucht wird. Der chemische Name lautet Natriumhydrogencarbonat. Weitere gängige Namen sind doppeltkohlensaures Natron, Natriumbicarbonat, Speisesoda und Backsoda. Auch unter den Markennamen Bullrich-Salz und Kaiser Natron ist es vielen ein Begriff.

Im Haushalt dient Natron als Allzweckreiniger, in der Küche als Backtriebmittel und in der Körperpflege als Deo, sanftes Reinigungsmittel und zur Vitalisierung. Seine Heilwirkung hilft gegen Übelkeit, Halsschmerzen und noch viel mehr.

Hier findest du eine Übersicht der wichtigsten Einsatzgebiete des Alleskönners Natron:

🌐 *smarticular.net/natron*

❦ Zitronensäure

Zitronensäure (auch Citronensäure geschrieben) ist eine natürlich auftretende Carbonsäure, die in der Natur weitverbreitet ist. Sie kommt in Äpfeln, Birnen, Kirschen und vielen anderen Früchten vor. Selbst in unserem Körper wird Zitronensäure produziert. Im Handel erhältliche Zitronensäure wird zwar oft mit Abbildungen von Zitronen beworben, ist aber fast immer ein industriell hergestelltes Produkt.

Zitronensäure eignet sich als natürliches Reinigungsmittel sowie als Kalk- und Fleckenentferner. Auch in vielen Pflegeprodukten wie Badebomben und Badepralinen ist der kristalline Stoff enthalten. Zudem dient Zitronensäure in der Küche als Geschmacksgeber für Lebensmittel, um einen fruchtigen Geschmack zu erzielen, und als Konservierungsmittel.

REZEPT FÜR KLARSPÜLER

Mit 300 Millilitern 40-prozentigem Alkohol (oder 200 Millilitern hochprozentigem Bioethanol), 80 Gramm pulverförmiger Zitronensäure und 200 Millilitern Wasser lässt sich eine preiswerte Alternative zum Klarspüler für die Geschirrspülmaschine herstellen.
Mehr Tipps mit Zitronensäure:
🌐 *smarticular.net/zitronensaeure*

⚘ Soda

Die chemische Bezeichnung dieses natürlich vorkommenden Salzes lautet Natriumcarbonat, es ist eng mit Natron verwandt. Hierzulande ist Soda meist als „Reine Soda" oder „Waschsoda" in Pulverform erhältlich. Das Pulver sollte trocken gelagert werden, da es zusammen mit Wasser leicht wasserhaltiges Kristallsoda bildet und dann für einige Rezepte wie zum Beispiel für Waschpulver nicht mehr verwendbar ist.

Mit Soda lässt sich die Wirkung herkömmlicher Reinigungsprodukte verstärken und so die Dosierung reduzieren. Das spart Geld und schont die Umwelt. Es eignet sich aber auch, um ökologische Wasch- und Putzmittel selbst herzustellen. Zusammen mit wenigen weiteren Grundzutaten ergibt Soda beispielsweise ein effektives Waschmittel (wahlweise Pulver oder flüssig, siehe S. 150). Um Geschirr, verstopfte Abflüsse (siehe S. 135), angebrannte Töpfe und schmuddelige Pflanztöpfe zu reinigen, kann es ebenfalls verwendet werden.

MEHR ZU SODA

Weitere Informationen und Einsatzmöglichkeiten rund um das umweltfreundliche Hausmittel Soda:
⊕ smarticular.net/soda

Arbeit und Büro

☙ Job mit Sinn

Viele berufliche Tätigkeiten sind auf ihre Art sinnvoll und tragen zum großen Ganzen bei. Wenn du in deiner momentanen Tätigkeit nicht mehr viel Sinn erkennst und dich nach einer neuen Herausforderung sehnst, helfen spezialisierte Jobportale wie ⊕ *nachhaltigejobs.de*, ⊕ *goodjobs.eu/de*, ⊕ *jobverde.de* und ⊕ *greenjobs.de* weiter. Sie bringen ökologisch und sozial orientierte Arbeitgeber und Menschen zusammen, die nach einer sinnstiftenden Aufgabe suchen.

☙ Notwendigkeit beruflicher Mobilität prüfen

Im Job lohnt es sich auch, die eigene Mobilität zu hinterfragen und den Reisebedarf nach Möglichkeit zu reduzieren – insbesondere bei Flugzeugreisen. Dank moderner Technik lassen sich viele Meetings und Konferenzen auch virtuell abhalten. Wer zu Hause mit der entsprechenden Technik ausgestattet ist, kann, wenn die Art der Tätigkeit sowie der Arbeitgeber es erlauben, zahlreiche Bürotätigkeiten genauso gut im Homeoffice erledigen.

Familie

🦶 Stoffwindeln statt Wegwerfwindeln

Die Zeit, bevor es Einwegwindeln gab, verbinden viele mit gemischten Gefühlen, und es war ein Segen, sich vom aufwendigen Wickeln und Waschen zu verabschieden. Moderne Stoffwindeln haben mit den losen Tüchern von damals jedoch nicht viel gemeinsam, und die Sauberkeit ist durch moderne Waschmaschinen und Waschmittel besser und schneller gewährleistet. Wer auch bei der Babypflege müllfreie Varianten ausprobieren möchte, kann darum modernen Stoffwindelsystemen bedenkenlos eine Chance geben.

WINDELFREI

Ganz ohne Müll kommt die *Windelfrei-Methode* aus. Sie ist zwar nicht für alle Eltern und alle Situationen gleichermaßen praktikabel, da sie besonders viel Aufmerksamkeit erfordert. Sie geht davon aus, dass auch Säuglinge instinktiv auf irgendeine Weise signalisieren, dass sie „mal müssen" und dass Eltern lediglich zu lernen brauchen, diese Signale richtig zu deuten. Windelfrei muss nicht unbedingt heißen, komplett auf Windeln zu verzichten, denn sie können immer noch als Plan B dienen, falls es mit der Kommunikation mal doch nicht so gut klappt oder falls unterwegs keine Möglichkeit dazu besteht.
🌐 *smarticular.net/ windelfrei*

Was den Ressourcenverbrauch angeht, schneiden Stoffwindeln vor allem dann besser ab als Einwegwindeln, wenn sie über einen langen Zeitraum hinweg das Einwegprodukt ersetzen, zweit- oder drittverwendet werden und auch beim Waschen auf umweltfreundliche Alternativen geachtet wird (siehe S. 137). Im Gegensatz zur Einwegvariante landen Mehrwegwindeln nicht nach einmaliger Nutzung in der Müllverbrennung, sondern sind viele Male nutzbar und können bei entsprechender Qualität sogar mehrere Babypopos trocken halten.

⑂ Feuchttücher ersetzen

Waschlappen und Mehrweg-Feuchttücher sind mit ein wenig Vorbereitung genauso praktisch wie die Einwegvariante und noch dazu viel besser für Babys Hautgesundheit. Der durch feuchte Hygienetücher entstehende Abfall und die enthaltenen Duft- und Konservierungsstoffe sind die Überlegung durchaus wert, bessere Alternativen in Betracht zu ziehen.

Für zu Hause reichen anstelle von Wegwerf-Feuchttüchern meist eine Schüssel mit warmem Wasser und ein Waschlappen, um den Babypopo mit wenigen Handgriffen zu reinigen. Für unterwegs bieten sich kleine Mehrweg-Feuchttücher als Alternative an, die sich aus alten T-Shirts leicht zurechtschneiden lassen. Sie werden mit einer natürlichen, einfach herzustellenden Reinigungsflüssigkeit (500 Milliliter abgekochtes oder destilliertes Wasser, ein Teelöffel Kokosöl und ein Teelöffel Sonnenblumenöl) getränkt und zum Beispiel in einem Schraubglas oder einer Dose mitgenommen.

Gebrauchte Tücher sind in einem zweiten Behälter oder auch in einem Wetbag sicher aufgehoben und werden zu Hause einfach in der Waschmaschine mitgewaschen.

⊕ *smarticular.net/feuchttuecher*

🦶 Ökologisches Kinderspielzeug

Vielleicht hast du selbst schon erlebt, wie sich Babys von einfachen Haushaltsgegenständen, die gut zu greifen sind und interessante Geräusche machen, ganz besonders begeistern lassen. Mit einem Kochlöffel ordentlich den Topfboden zu bearbeiten oder den Schneebesen mit allen Sinnen zu untersuchen, kann viel interessanter sein als so manches Spielzeug aus Plastik. Deshalb gilt bei kleinen Kindern häufig das Motto „Weniger ist mehr", was ganz nebenbei auch der Umwelt zugutekommt.

Wenn die Kleinen größer werden und Haushaltsgegenstände allmählich ihre Faszination verlieren, sorgen Spielzeuge aus umweltfreundlichen Materialien wie Holz, Papier oder Naturfasern und Secondhandspielzeug für mindestens genauso viel Spielspaß wie das grellbunte, neu gekaufte Spielzeug aus Plastik. Siegel (u. a. Blauer Engel, Öko-Tex, FSC®) können die Auswahl erleichtern.

Und auch für die Größeren gilt: Wenige, aber qualitativ gute Spielzeuge regen die Fantasie viel mehr an als ramschige. Um Abwechslung zu gewährleisten, kannst du vorhandene Spielzeuge auch rotieren lassen, d. h. nicht alles zeitgleich zur Verfügung stellen, sondern einen Teil für einen gewissen Zeitraum irgendwo unzugänglich verstauen. Wenn dieses Spielzeug dann mal wieder hervorgeholt wird, ist das besser als Weihnachten.

NACHHALTIGES SPIELZEUG

Wer auf Nummer sicher gehen möchte, kauft am besten bei Läden vor Ort oder in Onlineshops ein, die auf nachhaltiges Spielzeug spezialisiert sind – beispielsweise
🌐 *echtkind.de*
🌐 *gruenes-spielzeug.de*
🌐 *kyddo.shop*
🌐 *bio-kinder.de*.

ꙮ Mit Kindern die Umwelt erfahren

Welches Tier ist das? Zu welcher Pflanze gehört diese Blüte, dieses Blatt oder diese Frucht? Um die Natur und ihre Kreisläufe wertschätzen zu können, lohnt es sich, dieses Umweltwissen weiterzugeben und gemeinsam mit dem Nachwuchs frühzeitig und altersgemäß die Natur zu entdecken. Das kann in Form von Kinderbüchern mit Geschichten und Sachthemen geschehen oder durch gemeinsame Erlebnisse, die schon den Kleinsten einen Zugang zu unserer erstaunlichen Natur ermöglichen.

Bei einem Clean-up (siehe S. 211) erleben Kinder beispielsweise, was es bedeutet, wenn Plastikmüll in die freie Natur gelangt, und sie sind am Ende vielleicht sogar stolz, dass sie ein Stück Grün vom Unrat befreit haben. Kindgerechte Wildkräuterwanderungen verwandeln unbekannte und unbeachtete „Unkräuter" in schmackhafte Zutaten und vermitteln hautnah Wertschätzung für die heimische Pflanzenwelt – mehr unter:

⊕ *smarticular.net/kinder-kraeuterwanderung*

ꙮ Fitness auch ohne Studio

Ausdauersport im Fitnessstudio gehört zu den beliebten Freizeitaktivitäten, verbraucht aber nicht nur Kalorien, sondern auch Energie für Klimaanlagen, Geräte und den Sanitärbereich. Hinzu kommt eine mehr oder weniger weite Anfahrt. Wie wäre es stattdessen, öfter mal direkt vor der Haustür mit dem Sport zu starten? Mit Outdoor-Apps wie beispielsweise *Komoot* (⊕ *komoot.de*) finden sich fast überall schöne Lauf- und Radfahrstrecken abseits des dichten Autoverkehrs.

💚 Nachhaltige Geschenkverpackungen

In Geschenkpapier gehüllte Geschenke wirken besonders feierlich und sorgen für einen schönen Überraschungseffekt. Dafür muss man aber nicht zwangsläufig auf bunt bedrucktes Papier zurückgreifen, das aufgrund seiner Beschichtung häufig nur noch im Restmüll verbrannt werden kann, sondern nutzt Vorhandenes einfach weiter: Altpapier, Stoffreste, Schraubgläser und andere Alltagsgegenstände lassen sich mit Schleifen und Banderolen leicht zu einer dekorativen Geschenkverpackung umfunktionieren. Tücher verwandeln sich mit der Furoshiki-Technik (⊕ *smarticular.net/furoshiki*) in wiederverwendbare Geschenkverpackungen, und Nähbegeisterte können zahlreiche Mehrweg-Verpackungen aus Stoff ganz einfach selber machen (⊕ *smarticular.net/geschenkverpackung-naehen*).

SCHENKEN OHNE MÜLL

Wer nicht basteln, nähen oder auf andere Weise die Geschenkverpackung selber machen möchte, findet bei kleineren Anbietern wie beispielsweise *PlanetPaket* (⊕ *planetpaket.de*) oder *Dabelino* (⊕ *dabelino.de*) recyclebares Geschenkpapier. Einige Produkte basieren auf dem Cradle-to-Cradle-Prinzip, das von der Entstehung des Produkts bis zum Ende seines Lebenszyklus auf abfallfreie Prozesse baut.

GESCHENKBÄNDER

Zahlreiche Reste und vermeintliche Abfälle eignen sich, um wunderschöne wiederverwendbare Geschenkbänder selbst herzustellen. Viele weitere Geschenkband-Ideen gibt es hier: ⊕ *smarticular.net/ geschenkband*

💚 Umweltfreundliche Geschenkbänder

Anstelle der üblichen Plastikbänder sorgt biologisch abbaubares Naturgarn für eine etwas rustikale, aber dennoch festliche Optik. Bunt und quasi kostenlos werden Geschenke mit selbst gemachtem T-Shirt-Garn verschnürt – zu diesem Zweck findet sich sicherlich ein altes Shirt im Kleiderschrank, das sich, in dünne Streifen geschnitten, in ein dehnbares Band verwandelt, das sich viele Male wiederverwenden lässt. Hier geht's zur ausführlichen Anleitung:

⊕ *smarticular.net/geschenkband-jersey*

🦶 Alternativen zu importierten Schnittblumen

Schöne Alternativen zu Schnittblumen gibt es reichlich – vor allem sind sie nachhaltiger, denn viele in Blumenläden und Supermärkten verkaufte Schnittblumen haben bereits einen weiten Weg hinter sich. Teilweise werden sie aus Afrika und Südamerika importiert und dort mit künstlicher Bewässerung und unter hohem Pestizideinsatz angebaut.

Eine duftende, regionale und saisonale Alternative sind Blumenfelder zum Selberschneiden – womöglich gibt es einen solchen Anbieter auch in deiner Region. Eine schöne Topfpflanze fürs Fensterbrett oder den Garten sorgt länger für Freude als Schnittblumen. Besonders originell ist ein Blumenstrauß aus selbst gesammelten Wildblumen, die sich bei richtiger Auswahl sogar zu einem schmackhaften Tee aufgießen lassen.

⊕ *smarticular.net/schnittblumen*

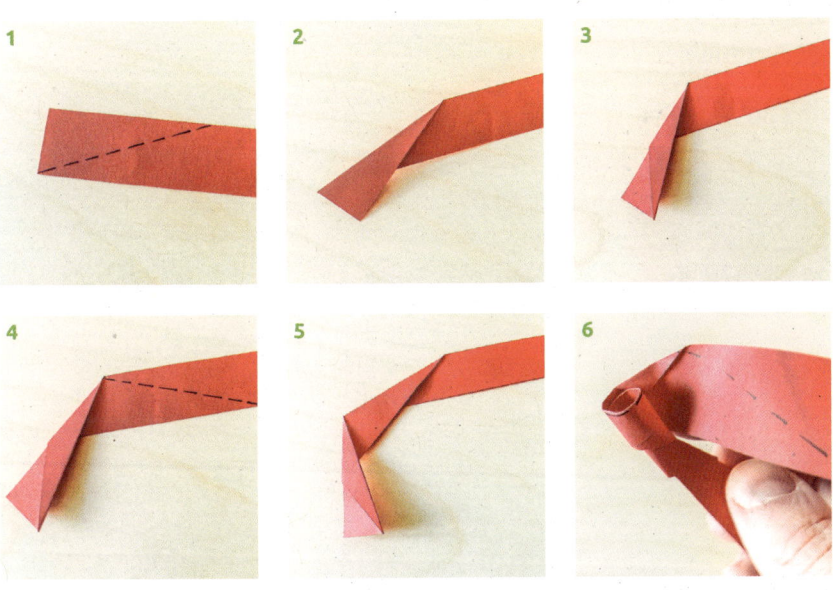

⊕ *smarticular.net/papierrosen*

♻ Seifenblasen und Postkarten statt Heliumballons

Bunte Luftballons, die in den Himmel steigen, sind ein wunderschöner Anblick. Wenn sie wieder irgendwo auf der Erde landen, bleiben sie jedoch als Gefahr für Wildtiere und als umweltbelastendes Mikroplastik (siehe S. 78 und 180) zurück. Ballons aus Naturlatex, die als biologisch abbaubar ausgewiesen sind, sind zumindest zu Innenraum- und Dekozwecken eine sinnvolle Alternative. In der Natur lösen sie das Problem leider nicht, denn sie brauchen bis zu zwei Jahre, bis sie sich vollständig zersetzt haben.

Auch ohne Luftballons lassen sich auf Hochzeiten, Geburtstagen oder anderen Feiern Wünsche und Gedanken in den Himmel schicken – zum Beispiel mit Seifenblasen, bunten Flugdrachen oder ungiftigen und schnell abbaubaren Schaumwolken. Auch Postkarten, die die geladenen Gäste mit Wünschen bestücken und über das nächste Jahr verteilt an das Hochzeitspaar oder das Geburtstagskind verschicken, sind eine gute Alternative.

🐾 Nachhaltig Ja sagen

Apropos Hochzeiten: Der für viele schönste Tag im Leben lässt sich umweltfreundlich mindestens genauso schön feiern, ohne auf Dekoration, festliche Kleidung und andere Traditionen verzichten zu müssen. Mit einer Location, die für die meisten Gäste ohne weitere Anreise zu erreichen ist, einer Tischdekoration mit heimischen Blumen und einem Catering auf Basis regionaler Zutaten lässt sich der Grundstein für eine gemeinsame Zukunft festlich legen und gleichzeitig ein Zeichen dafür setzen, dass dem Paar die Umwelt ebenfalls am Herzen liegt. Viel mehr Tipps für nachhaltiges Heiraten gibt es hier:

🌐 *smarticular.net/heiraten*

🐾 Nachhaltige Geschenke für Erwachsene

Viele Erwachsene sind (zumindest materiell) wunschlos glücklich oder können sich all ihre Wünsche leicht selbst erfüllen. Statt in solchen Fällen aus der Not heraus „irgendwas" zu schenken, lohnt es sich, über ein nachhaltiges Geschenk nachzudenken, das die beschenkte Person und die Umwelt gleichermaßen freut.

Alltagsprodukte und Lebensmittel zu verschenken (früher beliebt als sogenannter „Fresskorb"), ist zwar ein bisschen aus der Mode gekommen, bietet aber tatsächlich immer noch eine gute Möglichkeit, etwas ebenso Nützliches wie Originelles zu schenken. Ein besonders edles Seifenstück oder eine teure Kaffeespezialität (aus nachhaltigem Anbau) enden sicherlich nicht als verstaubtes Stehrümchen.

Wer Freude am „Do it yourself" hat, kann kulinarische Highlights oder verwöhnende Kosmetik auch ganz einfach selber machen:

🌐 *smarticular.net/geschenke-im-glas*

GRÜNE TRAURINGE

Auch für Trauringe gibt es außergewöhnliche Alternativen zu Edelmetall, das oft unter fragwürdigen Bedingungen und teilweise auf Kosten des Regenwalds geschürft wird. Es ist zum Beispiel möglich, alte Erbstücke in einer Goldschmiede neu aufarbeiten zu lassen oder ganz andere Materialien wie Holz zu verwenden.

Selbst auf den letzten Drücker lassen sich noch eine Backmischung für Kekse oder ein selbst gemachtes Peeling zaubern und zum Beispiel in einem Schraubglas verpacken. Eine Baumpatenschaft oder eine Spende an eine Umweltorganisation oder eine soziale Einrichtung im Namen des Jubilars ist ebenfalls eine schöne Überraschung und kann zum Beispiel in einem Lebensbereich Gutes bewirken, der der beschenkten Person ganz besonders am Herzen liegt. Viele grüne Geschenkideen für alle Feste und jedes Alter entdeckst du hier:

⊕ *smarticular.net/nachhaltige-geschenke*

₍ᵛ₎ Nachhaltige Geschenke für Kinder

An Wünschen mangelt es Kindern meistens nicht. Und wer Glück hat, findet auf der Wunschliste ohne lange Suche ein umweltfreundliches Geschenk. In anderen Fällen kann ein Blick auf Langlebigkeit und Materialien die Entscheidung erleichtern. Denn robuste und langlebige Holzbaukästen, Kaufmannsläden oder Spieleklassiker wie Klemmbausteine (u. a. von LEGO®) sind viel nachhaltiger als Plastikspielzeug oder elektronisches Spielzeug, das nach kurzer Zeit kaputt ist und nur noch in der Restmülltonne entsorgt werden kann.

Beim Material hat man zwar nicht immer die Wahl, aber immer häufiger gibt es auch hier Alternativen: Die kuschelige Puppe aus Naturfaserstoff, die hochwertigen Bausteine aus lasiertem Holz oder das Spielhaus aus Pappe kommen bei Kindern mindestens genauso gut an wie ähnliche Produkte aus Plastik. Falls du immer noch Ideen suchst, wirst du hier sicher fündig:

⊕ *smarticular.net/kinder-geschenke*

♥ Zeit statt Zeug schenken

Eine schöne und dabei auch noch nachhaltige Alternative zu Verlegenheitsgeschenken ist ein Gutschein für gemeinsam verbrachte Zeit. Je nachdem, womit sich die zu beschenkende Person gern beschäftigt, sind die Möglichkeiten nahezu unbegrenzt, und es findet sich für jedes Budget etwas Passendes. Ein Ausflug, gemeinsam Häkeln lernen oder Bier brauen – womöglich hat die zu beschenkende Person irgendwann Interesse an einer Aktivität geäußert, für die im Alltag keine Zeit bleibt?

Auch Kinder freuen sich über einen Kinonachmittag mit der Oma oder einen Ausflug ins Schwimmbad mit dem besten Freund. Damit das Geburtstagskind am eigentlichen Ehrentag nicht mit leeren Händen dasteht, lässt sich die Vorfreude mit einer Tüte selbst gemachten Popcorns oder einem besonders schön gestalteten Gutschein noch steigern. Mehr Ideen für Zeit-statt-Zeug-Geschenke findest du hier:

⊕ smarticular.net/zeit-schenken

♥ Nachhaltige Mitgebsel

Mitgebsel, also kleine Geschenke für die Kindergeburtstagsgäste, sind zwar kein Muss, gehören aber für viele Familien zur Party dazu. Statt kurzlebige Plastik-Gadgets und andere Dinge zu verteilen, die ruckzuck im Müll landen, bereiten nützliche Kleinigkeiten wie Samentütchen oder Bügelflicken mindestens genauso viel Freude.

Alternativ werden die Mitgebsel während der Feier einfach selbst gemacht. Für kleinere Kinder bietet es sich beispielsweise an Samenbomben herzustellen (*⊕ smarticular.net/samenbomben*), größere können sich an Badepralinen (*⊕ smarticular.net/badepralinen*) oder selbst gemachter Schokolade (*⊕ smarticular.net/schokolade*) versuchen.

⊕ smarticular.net/migebsel

🦶 Nachhaltiger Weihnachtsbaum

Wer sich einen ökologisch produzierten Weihnachtsbaum oder einen Leihweihnachtsbaum besorgt, der mit Wurzelballen geliefert, nach den Festtagen wieder abgeholt und in die Erde gesetzt wird, holt sich neben der festlichen Stimmung auch den Umweltschutz ins eigene Wohnzimmer. Auf Rückstände teilweise hochgiftiger Pestizide[40] durch konventionelle Bäume kannst du an dieser Stelle gut verzichten. Immer beliebter werden außerdem Mehrweg-Bäume aus zugeschnittenem Holz, die zum Fest zusammengesteckt und geschmückt und anschließend wieder platzsparend verstaut werden.

GRÜNER WEIH-NACHTSBAUM

Die *Aktionsgemeinschaft Robin Wood* veröffentlicht jährlich eine aktuelle Liste mit Verkaufsstellen für ökologisch produzierte Weihnachtsbäume in Deutschland (⊕ *smar.cc/eyd7*). In Österreich gibt die *Umweltberatung* ein Infoblatt mit Bezugsquellen heraus (⊕ *umweltberatung.at/bio-christbaum*). In der Schweiz setzt sich die *IG Suisse* für den umweltverträglichen Anbau ein und veröffentlicht Anlaufstellen (⊕ *igsuisse-christbaum.ch*).

---

40 Bund für Umwelt und Naturschutz Deutschland e. V. (BUND) (Hrsg.) (16.12.2020): BUND testet Weihnachtsbäume: Rund zwei Drittel mit Pestiziden belastet, auch stark bienengefährliche Mittel im Einsatz. Online verfügbar unter https://www.bund.net/service/presse/pressemitteilungen/detail/news/bund-testet-weihnachts-rund-zwei-drittel-mit-pestiziden-belastet-auch-stark-bienengefaehrliche-mittel-im-einsatz/ (abgerufen am 25.03.2021).

✌ Weihnachtsbaum verwerten statt wegwerfen

Wenn du dich für einen klassischen, ökologischen Weihnachtsbaum entschieden hast, stellt sich nach den Feiertagen jedes Jahr aufs Neue die Frage: Wohin damit? Die meisten ausgedienten Weihnachtsbäume werden verbrannt und dienen so immerhin noch dazu, Strom und Wärme zu produzieren.

Alternativ lassen sich Holz und Nadeln ökologisch angebauter Christbäume auf vielfältige Weise upcyceln und weiternutzen. Die ätherischen Öle der Nadeln ergeben beispielsweise zusammen mit etwas grobem Meersalz ein heilsames Erkältungsbad, und Fans kräftiger Aromen verarbeiten die Nadeln zu einem ganz besonderen Kräutersalz oder einem Tannennadel-Likör. So haben sie für den nächsten Anlass gleich ein Geschenk aus der Küche parat.

Aus dem Holz des Tannenbaums lassen sich zudem mit den geeigneten Werkzeugen Untersetzer, Knöpfe, Kleiderhaken oder ein praktischer Küchenquirl herstellen. Hier gibt es weitere Rezepte und nützliche Bastelideen für ausgediente Christbäume:

🌐 *smarticular.net/christbaum-aufessen*

🌐 *smarticular.net/christbaum-verwerten*

👣 Zelebrieren statt Böllern

Der Wunsch nach einem geräuschvollen Jahresausklang geht auf den heidnischen Glauben an böse Geister zurück, die zum Jahresende mit viel Lärm vertrieben werden sollten. Heute glaubt daran wohl kaum noch jemand, und dennoch verbinden viele Silvester mit Raketen und Böllern – die sich aber auf die Luftqualität und das Wohlbefinden vieler Wild- und Haustiere gar nicht gut auswirken und zudem viel Unrat auf den Straßen hinterlassen.

Dabei lässt sich das neue Jahr statt mit Böllern auch auf eine Weise willkommen heißen, die weder die Luft noch die Straßen verschmutzt. Umweltfreundlich klingt das alte Jahr beispielsweise mit Wachsgießen, Glückskeksen und Gesellschaftsspielen aus, beeinträchtigt dabei weder Luft noch Tierwelt und macht trotzdem großen Spaß. Wer auch den Lärm nicht missen möchte, kann auf alte Traditionen zurückgreifen und es mit Töpfen, Deckeln und anderen Alltagsgegenständen ordentlich krachen lassen.

⊕ *smarticular.net/silvester*

🌱 Einweggeschirr ersetzen

Einweggeschirr und -besteck aus Plastik ist in Deutschland ab Juli 2021 verboten[41] – kein Verlust, denn die Wegwerfartikel lassen sich ohnehin leicht durch bessere Alternativen ersetzen. Bei Kindergeburtstagen oder Grillfesten im kleinen Kreis erfüllen herkömmliches Geschirr und Besteck den gleichen Zweck. Falls das nicht möglich ist, zum Beispiel im Rahmen größerer Veranstaltungen, stehen immer mehr Alternativen aus schnell nachwachsenden Ressourcen wie Bambus oder aus Abfallprodukten wie gepressten Palmblättern zur Verfügung.

🌐 *smarticular.net/einweggeschirr*

ESSEN TO GO

Mit einer wiederverwendbaren Tiffin-Box lässt sich das Mittagessen vom Imbiss komplett müllfrei transportieren. Ein Zero-Waste-Besteckset (siehe S. 202) oder ein vielseitiger Göffel (Gabel und Löffel in einem) in der Tasche machen auch das Einweg-Besteck überflüssig. Und Lieferdienstessen wird mit digitalen Mehrwegsystemen wie 🌐 *vytal.org* zum müllfreien Genuss (siehe S. 203).

---

41 Presse- und Informationsamt der Bundesregierung (Hrsg.) (2021): Einweg-Plastik wird verboten. Online verfügbar unter https://www.bundesregierung.de/breg-de/themen/nachhaltigkeitspolitik/einwegplastik-wird-verboten-1763390 (abgerufen am 25.03.2021).

Finanzen

❦ Digitale Fahrkarten und Kassenbons

HANDY-TICKETS

Wenn du dein Smart-phone ohnehin immer dabeihast und häufig mit öffentlichen Verkehrs-mitteln unterwegs bist, erkundige dich doch mal bei deinem örtlichen Verkehrsbetrieb, ob eine Fahrkarten-App zur Verfügung steht oder in Planung ist.

Fahrkarten und Tickets für Veranstaltungen lassen sich inzwischen problemlos digital erwerben und zum Beispiel in sogenannten Wallet-Apps auf dem Smartphone speichern und jederzeit abrufen. So vermeidest du leicht Thermopapier oder andere schlecht recycelbare Materialien, auf denen Tickets üblicherweise gedruckt sind. Allerdings ist die Technik für Kassenbons noch vergleichsweise neu, weshalb entsprechende Lösungen wenig verbreitet oder noch nicht ganz ausgereift sind. Dennoch lohnt es sich, wann immer möglich, auf elektronische Belege zurückzugreifen, die nicht nur Papier sparen, sondern dank Smartphone bei Bedarf blitzschnell zur Hand sind und weniger leicht verloren gehen können.

🐾 Grüne Banken

Wenn dein Geld auf der Bank liegt, ruht es sich nicht aus, sondern wird für ganz unterschiedliche Investitionen, Darlehen usw. verwendet und beeinflusst damit weitgehend unbemerkt die Umwelt und unsere Gesellschaft sehr. Wer möchte, dass die eigenen Einlagen umweltfreundlichen und sozialen Projekten zugutekommen, statt beispielsweise in die Waffen- oder Atomindustrie zu fließen, wechselt am besten zu einer der folgenden nachhaltigen Banken:

- Ethikbank (ethikbank.de)
- GLS-Bank (⊕ *gls.de*)
- Tomorrow (⊕ *tomorrow.one*)
- Triodos Bank (⊕ *triodos.de*)
- Umweltbank (⊕ *umweltbank.de*)

Sie alle legen offen, in welche Branchen und Unternehmen sie das Geld ihrer Kunden investieren und welche sie ausschließen.

🐾 Geld nachhaltig anlegen

Wer nicht nur seine Alltagsfinanzen über eine ökologisch ausgerichtete Bank abwickelt, sondern auch bei größeren Geldanlagen auf nachhaltige Investments setzt, kann viel Gutes bewirken. Auch hierbei helfen die zuvor genannten Banken weiter. Wenn du als jahrelang zufriedener Kunde deine Hausbank nicht verlassen möchtest, frage alternativ dort nach umweltfreundlichen Investitionen.

Damit dein Geld wirklich etwas für die Umwelt tut, empfiehlt es sich in jedem Fall, genau hinzusehen, denn einige Angebote sind nur auf den ersten Blick grün. Auf ⊕ *fairfinanceguide.de* werden verschiedene Banken hinsichtlich ihrer sozialen und ökologischen Richtlinien genau unter die Lupe genommen. Vielleicht ist auch deine Bank dabei. Ausführliche Informationen zu nachhaltigen Geldanlagen findest du auf Portalen wie ⊕ *nachhaltiges-investment.org* und ⊕ *geld-bewegt.de*, einem Angebot der Verbraucherzentrale.

ꙮ Grüne Versicherungen

Neben Banken gehören Versicherungen zu den gesell-
schaftlichen Institutionen, über die viel Geld bewegt und
investiert wird. Deshalb lohnt es sich auch hier, einmal
genauer hinzuschauen und gegebenenfalls zu einem Unternehmen zu wechseln, das ökologische Kriterien in sein
unternehmerisches Handeln einbezieht.

Einen ersten Eindruck, inwieweit Nachhaltigkeit für eine
Versicherung relevant ist, lässt sich meist schon durch einen Blick auf die Außendarstellung gewinnen – zum Beispiel auf der Website. Rückfragen zum Thema bei der eigenen Versicherung können ebenfalls aufschlussreich sein
und dem Unternehmen gleichzeitig zeigen, dass es bei den
Kunden ein wachsendes Interesse an umweltfreundlichen
Dienstleistungen gibt.

Als Informationsquellen sind die Plattformen *grün versi-
chert* (⊕ *gruen-versichert.de*), *bessergrün* (⊕ *bessergruen.de*)
und *ÖKOWORLD* (⊕ *oekoworld.com*) sinnvolle Anlaufstellen. Sie können aber eine intensive Auseinandersetzung
mit den Details und Hintergründen der verschiedenen Anbieter als Basis für die persönliche Entscheidungsfindung
nicht ersetzen. Schließlich müssen Versicherungen neben
ökologischem Handeln noch viele weitere persönliche Kriterien erfüllen.

𝄡 Nachhaltige Krankenversicherungen

Einige Krankenkassen unterstützen Naturheilverfahren und beziehen ökologische Kriterien in ihr unternehmerisches Handeln mit ein. Das reicht von der Nutzung von Ökostrom über den Umstieg auf Umweltpapier bis hin zur Förderung umweltfreundlicher Mobilität und nachhaltiger Geldanlagen für die Altersvorsorge der Mitarbeiter. Die Details findet man in den Broschüren und auf den Websites der Anbieter.

Während dem Zeitgeist folgend, fast alle Krankenkassen hier und da Wert auf Nachhaltigkeit legen, zeichnen sich die folgenden Unternehmen durch eine konsequent ökologische Ausrichtung aus:

- BKK 24 (⊕ *bkk24.de*)

- BKK VBU (⊕ *meine-krankenkasse.de*)

- BKK ProVita (⊕ *bkk-provita.de*)

- pronova BKK (⊕ *pronovabkk.de*)

Vor einem Krankenkassenwechsel empfiehlt es sich, detaillierte Informationen über die Kosten und Leistungen einzuholen. Schließlich spielen bei der Auswahl auch noch andere Faktoren eine wichtige Rolle. Wer mit seiner Kasse bisher zufrieden ist, fragt vielleicht dort einfach mal nach, was sie in puncto Umweltschutz zu bieten hat.

Haustiere

🐾 Spielzeug für Haustiere selber machen

Nicht nur der Nachwuchs, auch so manches Haustier möchte beschäftigt werden. Anstelle eines Kunststoffprodukts aus der Tierhandlung lassen sich zahlreiche Alltagsgegenstände und Stoffe von abgelegter Kleidung zu einem unterhaltsamen Spielzeug upcyceln, zum Beispiel zu einer Katzenangel, einem Schnüffelteppich oder einem Fummelbrett. So erhalten ausrangierte Dinge noch ein zweites nützliches Leben, und schnell dem Verschleiß zum Opfer fallende Quietschknochen & Co. können getrost im Regal bleiben. Unsere liebsten Bastelanleitungen für Hunde- und Katzenspielzeug:

🌐 *smarticular.net/katzenspielzeug*

🌐 *smarticular.net/hundespielzeug*

ᕯ Tiernahrung

Wer auch beim Futter auf eine ökologische Erzeugung achtet und entsprechende Produkte wählt oder vielleicht gleich selber für sein Tier kocht, ernährt sein vierbeiniges Familienmitglied nachhaltiger und gesünder zugleich. Denn mehr als 90 Prozent der weltweiten landwirtschaftlichen Flächen werden direkt oder indirekt für die Produktion tierischer Lebensmittel genutzt,[42] dazu gehört auch das Fleisch für Tiernahrung. Zudem wird für herkömmliches Hunde- und Katzenfutter in der Regel billiges Fleisch aus Massentierhaltung verwendet.[43]

ᕯ Umweltfreundliche Hundekotbeutel

Um die sogenannten „Tretminen" zu vermeiden, sind Hundekotbeutel vor allem im städtischen Raum durchaus sinnvoll, aber auch auf dem Land sorgen sie dafür, dass die Ausscheidungen nicht zu einer Umweltbelastung werden.[44] Eine nachhaltige Alternative zu Kunststoffbeuteln, die meist schlecht oder gar nicht biologisch abbaubar sind, ist einfaches Zeitungspapier, in das der Haufen ebenso gut eingewickelt werden und bis zum nächstgelegenen Abfalleimer transportiert werden kann. Komfortabler und ebenfalls plastikfrei sind beispielsweise die Kotbeutel von PooPick (poopick.de), die aus Recyclingpapier und Holzabfällen hergestellt werden. So wird aus organischem Abfall kein Fall für die Restmülltonne!

---

42 Umweltbundesamt (Hrsg.) (o. J.): Globale Landflächen und Biomasse nachhaltig und ressourcenschonend nutzen. Online verfügbar unter https://www.umweltbundesamt.de/sites/default/files/medien/479/publikationen/_landflaechen_biomasse_bf_klein.pdf (abgerufen am 25.03.2021).

43 Technische Universität Berlin (Hrsg.) (28.08.2020): Medieninformation: Ein Hundeleben und sein CO2-Fußabdruck. Online verfügbar unter https://www.tu.berlin/ueber-die-tu-berlin/profil/pressemitteilungen-nachrichten/2020/august/oekobilanz-eines-hundes/ (abgerufen am 25.03.2021).

44 SWR (Hrsg.) (02.09.2020): Studie: Auch Hunde hinterlassen einen deutlichen CO2-Fußabdruck. Online verfügbar unter https://www.swr.de/wissen/co2-fussabruck-oekobilanz-von-hunden-100.html (abgerufen am 25.03.2021).

Kleidung

❦ Kleidung aus zweiter Hand

**KINDERKLEI-
DUNG LEIHEN**

Statt gebrauchte
Kinderkleidung zu
kaufen, lässt sie sich
bei einigen Anbietern
auch ausleihen. So
kostet der Schneean-
zug oder Schlafsack,
der nur wenige Wo-
chen gebraucht wird,
erheblich weniger als
ein neues gleichwer-
tiges Produkt. Und
wenn der Nachwuchs
herausgewachsen
ist, wird das Klei-
dungsstück einfach
zurückgeschickt. De-
tails findest du zum
Beispiel bei den An-
bietern *Räubersachen*
(⊕ *raeubersachen.de*)
und *Baumwollbaby*
(⊕ *baumwollbaby.de*).

Secondhandkleidung kostet weniger und schont die Umwelt, denn sie befindet sich bereits im Kreislauf, und es
müssen keine weiteren Ressourcen aufgewendet werden,
um sie herzustellen. Aufgrund der großen Menge gut erhal-
tener Altkleider ist die Auswahl in örtlichen Secondhandläden und auf Onlineplattformen wie ⊕ *eBay®*, ⊕ *vinted.de*,
⊕ *momoxfashion.com* oder ⊕ *maedchenflohmarkt.de* groß.

Für Babys und Kleinkinder empfiehlt sich gebrauchte Kleidung gleich in mehrfacher Hinsicht. Denn der Nachwuchs
wächst häufig so schnell aus den Sachen heraus, dass diese
kaum getragen und abgenutzt sind. Weil gebrauchte Kin-
dersachen aber trotzdem sicher bereits das ein oder andere Mal gewaschen wurden, sind sie garantiert frei von
bedenklichen Rückständen aus Produktion und Transport.

Kleidertauschpartys verwandeln die Weitergabe gebrauchter
Mode in ein unterhaltsames Event und machen lange Transportwege überflüssig. Lade doch einfach mal deine Freunde
dazu ein, ihren Schrank zu entrümpeln und sich dann mit
den ausgemisteten Schätzen zu treffen. Jeder darf nach Her-
zenslust in den ausrangierten Teilen der anderen herumstö-
bern und findet dabei bestimmt eine neues Lieblingsteil.

۷ Flicken statt wegwerfen

Kaputte Kleidung zu flicken, ist eine tolle Möglichkeit, gut sitzenden Lieblingsstücken ein besonders langes Leben zu bescheren. Denn neben ökologischen Materialien sorgt auch eine lange Tragedauer für umweltfreundliche Kleidung. Wer selbst nicht flicken kann oder möchte, findet in den meisten Städten Schneidereien, die Löcher professionell stopfen und defekte Reißverschlüsse austauschen.

Mit ein paar grundlegenden Nähkenntnissen lässt sich vieles aber auch selbst reparieren. Wem der einfache, viereckige Flicken oder das schlicht gestopfte Loch nicht schön genug sind, der kann mit der *Sashiko-Technik* und der *Visible-Mending-Methode* Risse und Löcher auf dekorative Weise verschwinden lassen. Hier wird's erklärt:

⊕ smarticular.net/visible-mending

Kleidung, die sich nicht mehr reparieren lässt oder aus anderen Gründen ausrangiert wird, ist immer noch viel zu schade für die Tonne. Denn sie ist als vielseitiges Ausgangsmaterial für Upcycling verwendbar, wodurch neue nützliche Dinge entstehen (siehe S. 121).

❦ Fair Fashion statt Fast Fashion

Fair bezahlte Arbeitskräfte, schadstofffreie Herstellungsprozesse und Materialien sowie Qualität, die einem lang haltbaren Kleidungsstück gerecht wird – das sind nur ein paar der Vorteile von Fair Fashion gegenüber Fast Fashion. Denn billige, kurzlebige Mode, eben *Fast Fashion*, kann nur deshalb so billig sein, weil der enorme Ressourcenverbrauch die Umwelt und Menschen in den Herstellerregionen belastet und nicht den Preis beeinflusst. Ein einzelnes Baumwollshirt herzustellen, verbraucht mehr als 2000 Liter Wasser, für eine Jeans ist es sogar noch erheblich mehr.

Als empfehlenswerte Alternative setzen sich Hersteller und Händler von Fair Fashion für eine umweltfreundliche und faire Produktion ein. Verschiedene Siegel erleichtern es, nachhaltige Mode zu erkennen:

- bluesign (⊕ *bluesign.com/de*)
- fair wear foundation (⊕ *fairwear.org*)
- Grüner Knopf (⊕ *gruener-knopf.de/*)
- Global Organic Textile Standard – kurz GOTS (⊕ *global-standard.org*)

❦ Nachhaltige Materialien

Bei Kleidung auf umweltfreundliche Materialien zu achten, hilft der Umwelt gleich mehrfach. Denn ökologisch produzierte Mode aus Naturfasern wirkt sich sowohl in der Herstellung als auch beim Tragen und Waschen weniger auf die Natur aus. Auch ihre Entsorgung ist unproblematisch im Gegensatz zu Kunstfasern, die oft über ihren gesamten Lebenszyklus hinweg Schadstoffe freisetzen.

Natürliche oder halbsynthetische Materialien, die gut biologisch abbaubar sind:

- Baumwolle
- Hanf
- Leinen
- Modal
- Seide
- Tencel
- Wolle
- Viskose

Synthetische Materialien, deren Herstellung, Nutzung und Entsorgung problematisch ist:

- Acetat
- Elasthan
- Polyacryl
- Polyamid
- Polyester

Ein Blick aufs Etikett eines Kleidungsstücks verrät, welche Materialien zu welchen Anteilen enthalten sind. Richtig umweltfreundlich sind die Kleidungsstücke aber erst dann, wenn auch die Rohstoffe nachhaltig gewonnen wurden. Beim Anbau von Biobaumwolle beispielsweise ist es verboten, synthetische Düngemittel und Pestizide zu verwenden, und der Wasserverbrauch ist geringer als beim konventionellen Anbau.

MIKROPLASTIK REDUZIEREN

Nicht immer lassen sich Kunstfasern komplett vermeiden. Ein paar einfache Tipps wie kürzeres Waschen bei niedrigeren Temperaturen helfen, die Gefahr durch beim Waschen freigesetztes Mikroplastik zu reduzieren: ⊕ smarticular.net/ mikroplastik-waesche

Mikroplastik
in Kleidung erkennen

BIOLOGISCH ABBAUBAR

Naturfasern: Baumwolle, Wolle, Seide, Leinen und Hanf
Halbsynthetische Fasern: Viskose, Modal, Lyocell, Tencel

SCHLECHT ABBAUBAR

Polyester: Trevira, Diolen, Polartec, Polarguard und Thermolite
Polyacryl: Orlon, Dralon und Dolan
Polyamid: Nylon, Perlon, Antron, Tactel, Grilon und Dederon
Elasthan: Lycra, Dorlastan, Spandex
Acetat: Kunstseide

🦶 Nachhaltiger Kleiderschrank – weniger ist mehr

Im Durchschnitt besitzt jeder Erwachsene knapp 100 Kleidungsstücke (Socken und Unterwäsche nicht mitgerechnet), wovon fast die Hälfte selten oder nie getragen wird.[45] Wer seine Garderobe verkleinert, spart deshalb nicht nur Platz und Geld, sondern auch jede Menge Ressourcen für Kleidung, die gar nicht erst hergestellt werden muss. Besonders leicht fällt das mit der Umstellung auf eine *Capsule Wardrobe*, was übersetzt so viel heißt wie „Kleiderschrank, der in eine Kapsel passt". Sie enthält eine beschränkte Anzahl gut kombinierbarer Kleidungsstücke, die sich flexibel zu den verschiedensten Anlässen tragen lassen und optimalerweise im Wechsel zur jeweiligen Jahreszeit passen.

Um eine minimalistische Garderobe umzusetzen, überlege am besten, wie viele Kleidungsstücke du wirklich brauchst und welche du sowieso gern und häufig trägst, und plane auch den saisonalen Wechsel mit ein. Sommerliche Teile können dann im Herbst verstaut und durch wärmere Mode ersetzt werden. Wie du im Detail vorgehst, um aus einem überquellenden Kleiderschrank mit zahlreichen Schrankleichen eine *Capsule Wardrobe* zu machen, erfährst du hier:

🌐 *smarticular.net/capsule-wardrobe*

---

45 Greenpeace e. V. (Hrsg.) (2015): Wegwerfware Kleidung Repräsentative Greenpeace-Umfrage zu Kaufverhalten, Tragedauer und der Entsorgung von Mode. Online verfügbar unter https://www.greenpeace.de/sites/www.greenpeace.de/files/publications/20151123_greenpeace_modekonsum_flyer.pdf (abgerufen am 25.03.2021).

ⵛ Schuhsohlen ohne Mikroplastik

Bei jedem Schritt nutzen sich auch die Schuhsohlen ab und setzen kleinste Partikel frei. Damit diese nicht zu umweltschädlichem Mikroplastik (siehe S. 180) werden, entscheidet man sich am besten für Sohlen aus biologisch abbaubaren Naturmaterialien wie Leder oder Krepp. Denn Sohlenabrieb gilt als eine der größten Quellen für gefährliches Mikroplastik und liegt sogar noch vor der öffentlich breit diskutieren Kosmetik.[46]

Sogenannte Kreppsohlen bestehen zu 100 Prozent aus Naturkautschuk, sind langlebig, lassen sich recyceln und sind biologisch abbaubar. Schuhe mit Sohlen aus Krepp findet man zum Beispiel bei den Schuhmarken ⊕ *gruenbein-shoes.com*, ⊕ *duckfeet.com* und ⊕ *eknfootwear.com*. Andere Hersteller wie beispielsweise ⊕ *schuhwerk.de* bieten Schuhe mit Natur-Latex-Sohle, mit Ledersohle, aber auch mit Mischmaterialien an.

ⵛ Schuhe reparieren (lassen)

Einen nachhaltigen Schuhhersteller erkennt man nicht nur daran, dass er umweltfreundliche Materialien verwendet. Dass die Schuhe repariert werden können, ist mindestens ebenso hilfreich, und eine Reparatur fällt leichter, wenn sie bereits bei der Herstellung vorgesehen wurde. Das lässt sich in der Regel auf den Herstellerseiten nachlesen. Kaputte Schuhe reparieren zu lassen, ist nicht nur preiswerter als ein Neukauf, sondern lohnt sich auch für die Umwelt. Eine neue Sohle anzubringen oder löchriges Obermaterial zu reparieren, ist für die immer noch vielerorts zu findenden Schuhmacher Routine.

---

46 Fraunhofer Institut für Umwelt-, Sicherheits- und Energietechnik Umsicht (Hrsg.) (2018).

Das Start-up *Sneaker Rescue* (⊕ *sneaker-rescue.de*) hat sich auf die Reparatur von Sneakers unterschiedlicher Marken spezialisiert und möchte damit einen Beitrag gegen die Müllflut durch mehr als 380 Millionen Paar Schuhe leisten, die jedes Jahr allein Deutschland im Restmüll landen.[47] Noch tragbare Schuhe, die du selbst nicht mehr brauchst, erhalten beispielsweise über die Spendenplattform ⊕ *shuuz.de* einen neuen Besitzer.

❦ Alte Kleider upcyceln

Wer nähen kann, ist beim Upcycling alter Kleider zwar klar im Vorteil. Aber auch ohne Nähmaschine und viel Näherfahrung können aus Altkleidern noch neue, äußerst praktische Dinge und sogar nachhaltige Geschenke (siehe S. 165) entstehen. Um ein ausgedientes T-Shirt in einen praktischen Umhängebeutel (⊕ *smarticular.net/t-shirt-beutel*) oder ein Stück eines Baumwollhemdes in eine nachhaltige Alternative zu Frischhaltefolie (siehe S. 53) zu verwandeln, bedarf es sogar keines einzigen Nadelstichs.

Mehrweg-Kosmetikpads (siehe S. 68), Stofftaschentücher und Geschenkbeutel aus Stoff stellen auch Nähanfänger problemlos her. Mehr Nähprojekte für Anfänger und Fortgeschrittene findest du hier:

⊕ *smarticular.net/naehprojekte-einsteiger*

⊕ *smarticular.net/tshirt-upcycling*

---

47 Busch, Tanja (04.12.2015): Straßenbelag statt neuer Treter. In: Wirtschaftswoche.de. Online verfügbar unter https://www.wiwo.de/technologie/green/schuh-recycling-strassenbelag-statt-neuer-treter/13553358.html (abgerufen am 25.03.2021).

ꝩ Altkleider richtig spenden

Wenn sich Altkleider weder im Bekanntenkreis weiterreichen noch upcyceln lassen, werden sie bestenfalls trotzdem nicht im nächsten Altkleidercontainer entsorgt. Denn viele dieser Sammelstellen sind illegal und dienen weniger dem guten Zweck als mitunter undurchsichtigen Geschäftsinteressen.

Gut erhaltene Kleidungsstücke und Schuhe sind besser bei einer Kleiderkammer, im Obdachlosenheim oder bei der Flüchtlingshilfe aufgehoben und kommen dort Bedürftigen ohne Umweg zugute. Auch der örtliche Entsorger ist eine seriöse Anlaufstelle, um Altkleider nachhaltig zu entsorgen.

Online

⟨⟩ Ausleihen und Herunterladen statt Streamen

DIGITALER FUSSABDRUCK

Viele Hintergrund-informationen und praktische Tipps, wie du deinen digitalen Fuß-abdruck senken kannst, findest du unter:
⊕ *reset.org/knowledge/ der-digitale-fussabdruck*

Musik und Filme zu streamen, ist praktisch und bequem und hat CDs und DVDs weitestgehend ersetzt. Was uns meist nicht bewusst ist: Die damit verbundenen Daten-ströme verbrauchen viel Energie und tragen so zum Klima-wandel bei. Um Filme und Musik auf umweltfreundliche Weise zu genießen, bietet sich eine Wiederentdeckung der klassischen Film- und Tonträger an. Besonders preiswert lassen sich Filme, Hörspiele und Musik-CDs beispielsweise in Bibliotheken ausleihen.

⟨⟩ E-Book-Reader für Vielleser

Vor allem für Vielleser bieten sich E-Books als echte Alter-native zu gedruckten Büchern an. Denn um ein klassisches Buch aus Papier herzustellen, werden große Mengen Frischfasern, Wasser und Energie benötigt. Beim digitalen E-Book ist es hingegen vor allem der Reader, der beim Ressourcenverbrauch ins Gewicht fällt. Wer das haptische Erlebnis eines echten Buches bevorzugt, kann den einen oder anderen Neukauf und die damit verbundenen Res-sourcen einsparen, wenn ausgelesene Bücher verliehen, getauscht oder auf andere Weise weitergegeben werden (siehe S. 215), statt sie im Regal verstauben zu lassen.

Ein E-Book-Reader ist laut einer Studie des Öko-Instituts in Freiburg umweltfreundlicher als gedruckte Bücher, wenn regelmäßig gelesen wird (ab zehn Bücher pro Jahr) und das Gerät mindestens drei Jahre lang in Gebrauch ist.[48]

---

48 Öko-Institut e. V. (Hrsg.) (05.10.2011): Lesen und das Klima schützen mit E-Book-Readern. Online verfügbar unter https://www.oeko.de/presse/archiv-pressemeldungen/presse-detailseite/2011/lesen-und-das-klima-schuetzen-mit-e-book-readern (abgerufen am 25.03.2021).

♥ Grüne Suchmaschinen

Die meisten von uns googeln mehrmals täglich nach Informationen, was zusammengerechnet einen gigantischen Datenstrom verursacht und natürlich auch Energie verbraucht. Grüne Suchmaschinen haben sich deshalb zum Ziel gesetzt, ihre Server mit nachhaltig produziertem Strom zu betreiben.

Die technische Infrastruktur der nachhaltigen Suchmaschine *Ecosia* (⊕ *ecosia.de*) beispielsweise basiert zu 100 Prozent auf erneuerbaren Energien. Zwar stammen die Suchergebnisse und Werbeanzeigen und damit der Großteil der technischen Infrastruktur nicht von Ecosia selbst, sondern von Microsoft Bing,[49] andererseits wird aber ein großer Teil der Einnahmen für Baumpflanzungen verwendet. Das Unternehmen veröffentlicht monatlich einen Finanzbericht, in dem detailliert dargestellt wird, wohin die Einnahmen fließen.

Eine weitere, noch wenig etablierte grüne Suchmaschine ist *Gexsi* (⊕ *gexsi.com*). Das Non-Profit-Unternehmen stellt seinen Service ebenfalls über klimaneutrale Server zur Verfügung und investiert überschüssige Einnahmen in ökologische und soziale Projekte weltweit.

---

49 Richter, Isabel (11.02.2016): Mit Suchen die Wüste aufforsten – Ökologisch inspirierte Webseite Ecosia setzt auf Bing. Online verfügbar unter https://news.microsoft.com/de-de/oekologisch-webseite-ecosia-bing/ (abgerufen am 25.03.2021).

♥ Grüne E-Mail-Anbieter

Auch für den E-Mail-Versand gibt es Anbieter, die für ihre Server ausschließlich Ökostrom nutzen, der also nicht durch Atomenergie oder die Verbrennung von Öl, Kohle oder Erdgas gewonnen wird. Wer sichergehen möchte, dass die eigenen E-Mails so umweltfreundlich wie möglich unterwegs sind, kann sich deshalb eine Mailadresse bei einem Anbieter besorgen, der transparent darüber informiert, woher er seine grüne Energie bezieht.

Zu den umweltfreundlichen E-Mail-Providern gehören derzeit beispielsweise ⊕ *posteo.de*, ⊕ *mailbox.org* und ⊕ *biomail.de*. Für einen Euro pro Monat bei Posteo und Mailbox und 1,50 Euro monatlich bei *Biomail* kann man zudem komplett werbefreie Postfächer erhalten. Bei allen drei Anbietern sind die Mails sowohl über einen Webmailer abrufbar als auch über POP3 oder IMAP mit eigenen E-Mail-Programmen oder -Apps.

♥ E-Mail-Postfach regelmäßig aufräumen

Nicht nur für die eigene Übersichtlichkeit und eine bessere Organisation im beruflichen wie im privaten Bereich bietet es sich an, sein E-Mail-Postfach regelmäßig zu entrümpeln. Auch für die Umwelt ist ein aufgeräumtes Postfach eine Wohltat. Denn insbesondere wenn E-Mails auf dem Server bleiben und in der App auf dem Smartphone oder im Mail-Programm auf dem Computer nur Kopien angezeigt werden (IMAP), sammeln sich dort mitunter über Jahre große Datenmengen an. Der dafür benötigte Speicherplatz verbraucht wiederum Strom und andere Ressourcen, um den Zugriff jederzeit zu gewährleisten.

Deshalb lohnt es sich, ab und zu den eigenen Posteingang, den Spamverdachts-Ordner und das „Gesendet"-Fach zu entrümpeln und alles zu löschen, was nicht mehr gebraucht wird. Große Dateianhänge lassen sich darüber hinaus auch auf einer Festplatte oder einem USB-Stick sichern, damit sie vom Server gelöscht werden können.

Grüne Webhoster

Eine Website funktioniert mit aus nachhaltigen Energiequellen betriebenen Servern genauso gut wie jede andere auch. Darüber hinaus hilft die Entscheidung für einen umweltbewusst agierenden Hosting-Anbieter, den Anteil von Strom aus nicht regenerativen Energien zu reduzieren. Für zahlreiche Hosting-Anbieter ist dies inzwischen ein wichtiges eigenes Qualitätsmerkmal. Insbesondere Firmen wie ⊕ *manitu.de*, ⊕ *avalon-networks.com* und ⊕ *biohost.de* beziehen ihren Strom von nachhaltigen Anbietern und setzen auch sonst auf Energieeffizienz.

Dokumente und E-Mails nur bei Bedarf ausdrucken

Am Bildschirm zu lesen, ist oft anstrengender als auf Papier. Deshalb werden viele E-Mails und Dokumente ausgedruckt und nach kurzer Zeit wieder in der Papiertonne entsorgt. Nach dem Motto „Think before you print" lässt sich der Verbrauch von Papier, Tinte und Energie für kurzlebige Informationen leicht reduzieren, indem solche Wegwerf-Ausdrucke möglichst vermieden werden. Notwendige Ausdrucke sind auf Recyclingpapier am besten aufgehoben. Und wenn ein Blatt Papier beidseitig bedruckt wird, halbiert sich der Papierverbrauch – meistens reicht dafür ein Häkchen in den Einstellungen des Druckdialogs.

Smartphone

𝇋 Nachhaltiges Smartphone

Um die Umweltauswirkungen eines so häufig genutzten Alltagsgegenstandes wie des Smartphones zu verringern, ist es vor allem sinnvoll, es möglichst lange zu nutzen. Denn eine Neuproduktion belastet die Umwelt in besonderem Maße durch die notwendige Verwendung Seltener Erden und anderer wertvoller Ressourcen, die bislang noch nicht nennenswert aus den Altgeräten recycelt werden können.

Wer dagegen ein neues Gerät braucht, dabei aber nicht auf den allerneuesten technischen Stand angewiesen ist, findet gebrauchte und wiederaufbereitete Handys bei Anbietern wie *reBuy* (⊕ *rebuy.de*), *asgoodasnew* (⊕ *asgoodasnew.de*) und *refurbed* (⊕ *refurbed.de*) für einen günstigen Preis.

Mit *fairphone* (⊕ *fairphone.com/de*) und *SHIFT* (⊕ *shiftphones.com*) gibt es seit einigen Jahren auch Hersteller, die auf modulare Technik sowie auswechselbare Akkus setzen und eine umweltfreundliche und faire Produktionskette erreichen möchten.

🌱 Akkuschonend laden

Durch richtiges Laden lässt sich die Lebensdauer des Smartphone-Akkus verlängern:[50]

- Den Akku stets am Stück aufladen, statt das Gerät immer mal kurz ans Stromnetz zu hängen.

- Bereits bei 30 bis 40 Prozent Restenergie mit dem Laden beginnen und den Akku nur auf 80 bis 90 Prozent aufladen.

- Lieber langsamer laden statt schnell: Eine Schnellladung in einer Stunde oder weniger ist zwar komfortabel, beansprucht den Akku aber auch stärker als eine Ladung ohne Schnellladegerät.

🌱 Nachhaltige Mobilfunkanbieter

Preiswert telefonieren und gleichzeitig noch etwas für die Umwelt oder für soziale Projekte tun? Das wollen die noch jungen Mobilfunkanbieter *WeTell* (⊕ *wetell.de*) und *goood* (⊕ *goood.de*) ermöglichen. Beide Unternehmen verfügen über kein eigenes Mobilfunknetz, sondern kooperieren mit etablierten Anbietern. *WeTell* möchte seine Dienste langfristig klimaneutral oder sogar klimapositiv gestalten und investiert zu diesem Zweck unter anderem in eigene Solaranlagen und kompensiert verursachte CO_2-Emissionen. *Goood* arbeitet bereits klimaneutral und investiert zehn Prozent der monatlichen Grundgebühren in nachhaltige und soziale Projekte, zum Beispiel zum Schutz der Ozeane.

---

50 Netscher, Marcus (31.07.2020): Für eine lange Akku-Lebensdauer So laden Sie Ihr Smartphone richtig auf. Online verfügbar unter https://www.swr.de/swr1/rp/ smartphone-akkus-richtig-laden-100.html (abgerufen am 25.03.2021).

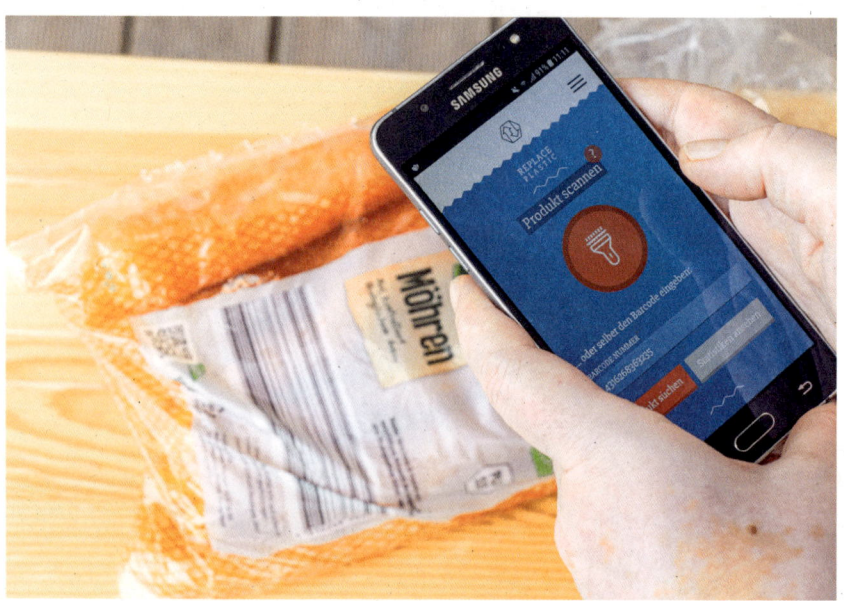

⚘ Nachhaltigkeits-Apps

Viele Smartphone-Apps sind nützliche Alltagshelfer, die wir nicht mehr missen möchten. Einige von ihnen können uns auch das nachhaltige Leben erleichtern!

Wenn du dem Hersteller deines Lieblingsmüslis schon immer mal sagen wolltest, dass du dir eine plastikfreie Verpackung wünschst, bietet dir die *Replace-Plastic-App* (⊕ *replaceplastic.de*) eine schnelle und bequeme Möglichkeit, dem Hersteller deinen Wunsch mitzuteilen und so gemeinsam mit anderen vielleicht besser gehört zu werden. Denn sie bündelt die Kritik und Verbesserungswünsche zu einzelnen Produkten und sendet sie gesammelt an die Unternehmen.

Zutatenlisten von Lebensmitteln und Kosmetik verraten häufig nicht auf den ersten Blick, ob bedenkliche Inhaltsstoffe enthalten sind. Mit der *CodeCheck-App* (⊕ *codecheck.info*) kannst du viele Produkte direkt im Supermarkt oder in der Drogerie scannen und überprüfen.

Die noch vergleichsweise junge App *Scan4Chem* (⊕ *scan-4chem.de*) wurde in europäischer Zusammenarbeit entwickelt.[51] Sie soll Verbraucher dabei unterstützen, ihr Auskunftsrecht zu gesundheitlich und ökologisch bedenklichen Inhaltsstoffen gegenüber Herstellern wahrzunehmen.

Mit der App *ToGoodToGo* (⊕ *toogoodtogo.de*) gelingt es dir, Lebensmittel zu retten und dabei auch noch Geld zu sparen. Denn die App verbindet potenzielle Abnehmer mit Bäckereien, Restaurants, Cafés, Hotels und Einzelhändlern, die überschüssige Lebensmittel lieber günstiger verkaufen, als sie wegzuwerfen. Auf diese Weise konnten schon über sechs Millionen Essensportionen vor der Tonne bewahrt werden.

Noch mehr Apps für einen umweltfreundlichen Lebensstil findest du hier:

⊕ *smarticular.net/gruene-apps*

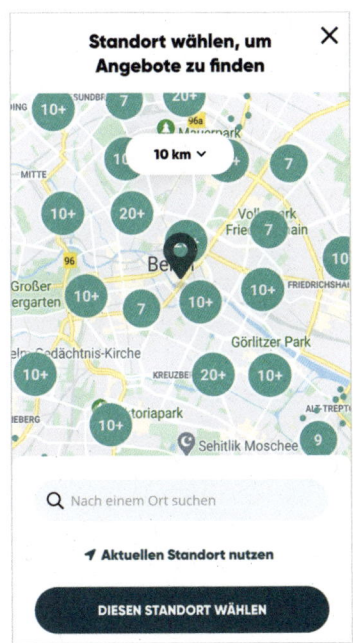
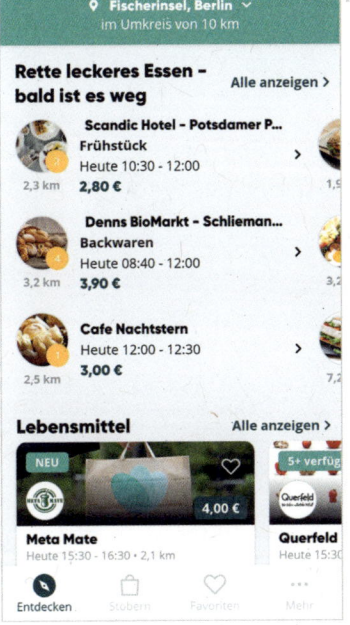

Screenshots der ToGoodToGo-App

---

51 Umweltbundesamt (Hrsg.) (06.11.2020): AskREACH. Online verfügbar unter https://www.umweltbundesamt.de/themen/chemikalien/chemikalien-reach/askreach (abgerufen am 25.03.2021).

Mobilität

🌱 Fahrrad, Carsharing und ÖPNV statt eigenes Auto

Wer ländlich oder fernab anderer Verkehrsmittel wohnt, ist sicherlich eher auf das Auto als universelles Transportmittel angewiesen. In Großstädten stellt der Umstieg vom eigenen Auto auf einen gut ausgebauten öffentlichen Nahverkehr, auf das Fahrrad und einen Leihwagen bei Bedarf aber durchaus eine überlegenswerte Alternative dar. Schließlich sind Betrieb und Unterhalt eines eigenen Fahrzeugs mit erheblichen Kosten verbunden.

Wer beispielsweise pro Jahr nur circa 5000 Kilometer mit dem Auto fährt, kann jährlich bis zu 1500 Euro sparen, wenn ein Carsharing-Auto anstelle eines eigenen Fahrzeugs genutzt wird.[52] Gleichzeitig schont eine gemeinsame Nutzung die Umwelt und spart wertvolle Ressourcen, die für die Herstellung eines Autos (egal ob Verbrenner oder E-Auto) verbraucht werden.

EIGENES AUTO TEILEN

Private Carsharing-Plattformen wie 🌐 *getaround.com*, 🌐 *snappcar.de* und 🌐 *weeshare.com* ermöglichen es, Privatautos mit anderen zu teilen und auf diese Weise Ressourcen zu schonen und gleichzeitig noch etwas Geld zu sparen.

---

52 Pöhler, Daniel/Co-Autor (05.04.2016): Eigenes Auto oder Carsharing – was ist günstiger?. Online verfügbar unter https://www.finanztip.de/carsharing/kostenvergleich (abgerufen am 25.03.2021).

🐾 Lastenrad statt Auto

Vor allem in Städten verzichten immer mehr Menschen auf ein eigenes Auto und sind stattdessen mit Fahrrad, ÖPNV und Leihwagen unterwegs. Um beim Kindertransport, bei größeren Einkäufen oder anderen Transporten nicht doch aufs (geliehene) Auto zurückgreifen zu müssen, lohnt sich häufig auch, ein Lastenrad anzuschaffen.

Wer die Kosten eines Lastenrads nicht auf einmal aufbringen will, hat bei verschiedenen Dienstrad-Leasing-Anbietern wie beispielsweise *Bikeleasing-Service* (⊕ *bikeleasing.de*) und *Jobrad* (⊕ *jobrad.org*) die Möglichkeit, das Rad – ähnlich einem Dienstwagen – gemeinsam mit dem Arbeitgeber steuerlich gefördert zu finanzieren und anschließend nach Restwert zu kaufen. In zahlreichen Bundesländern gibt es zudem Förderprogramme, die einen Teil der Kaufsumme übernehmen.

⫯ Umwelt schonen mit eigenem Auto

Auch in einem Haushalt mit Auto lässt sich durch kleine Alltagsroutinen viel Energie sparen. Für die meisten ist es sicherlich selbstverständlich, dass kürzere Strecken zu Fuß oder mit dem Fahrrad zurückgelegt werden. Hinzu kommen viele kleine Stellschrauben, die den Verbrauch beim Autofahren reduzieren: Ein Fahrzeug, aus dem nicht benötigter Ballast regelmäßig entfernt wird, ist leichter und braucht weniger Kraftstoff. Auch vorausschauendes Fahren bei konstanter Geschwindigkeit und der richtige Reifendruck tragen zu einem geringeren Kraftstoffverbrauch bei. Der ADAC empfiehlt, den Reifendruck gegenüber der Herstellerempfehlung um circa 0,2 Bar zu erhöhen,[53] um möglichst kraftstoffsparend unterwegs zu sein.

Viele Fahrschulen bieten inzwischen spezielle Spritsparkurse an, in denen praktische Tipps für sparsames Fahren vermittelt werden. Mit diesen Maßnahmen könnte über alle zugelassenen Autos hinweg pro Jahr der Ausstoß von rund fünf Millionen Tonnen CO_2 vermieden werden.[54]

⫯ Paddeltour statt Kreuzfahrt

Mit einer Paddeltour, einer Fahrt mit dem Segelschiff oder dem Aufenthalt auf einem Hausboot lässt sich die Liebe zum Wasser viel besser ausleben als zum Beispiel auf einem Kreuzfahrtschiff. Denn die meisten dieser Schiffe werden noch immer mit hochgiftigem Schweröl betrieben, und auch sonst ist der Urlaub auf den schwimmenden Giganten nicht gerade umweltfreundlich,[55] selbst wenn es Bestrebungen gibt, auf alternative Antriebe umzusteigen. Reiseanbieter, die auf nachhaltige Reisen spezialisiert sind, helfen dabei, eine passende Alternative zu finden (siehe S. 198).

---

53 Allgemeiner Deutscher Automobil-Club e. V. (ADAC) (Hrsg.) (26.03.2019): Richtiger Reifendruck. Online verfügbar unter https://www.adac.de/rund-ums-fahrzeug/ausstattung-technik-zubehoer/reifen/sicherheit/reifendruck/ (abgerufen am 25.03.2021).

54 VCD Verkehrsclub Deutschland e. V. (Hrsg.) (09.06.2020): Spritsparen. Schont Geldbeutel und Umwelt. Online verfügbar unter https://www.vcd.org/artikel/schont-geldbeutel-und-umwelt/ (abgerufen am 25.03.2021).

55 NABU (Hrsg.) (10.09.2020): NABU-Kreuzfahrtranking 2020. Branche nicht auf Kurs für Klimaschutz. Online verfügbar unter https://www.nabu.de/umwelt-und-ressourcen/verkehr/schifffahrt/kreuzschifffahrt/28642.html (abgerufen am 25.03.2021).

❦ Zug statt Flug

Wer, statt zu fliegen, mit Bus und Bahn verreist, kann nicht nur seinen ökologischen Fußabdruck erheblich verkleinern, weil Flugreisen einen besonders großen Einfluss auf das Klima haben, sondern auch vorbeifliegende Landschaften viel besser genießen. Jetlag gehört dank Bus- und Bahnreisen der Vergangenheit an, und durch ein immer besser ausgebautes Netz ist selbst das Arbeiten im Zug besser möglich als im Flugzeug. Außerdem spart man sich den ganzen Aufwand rund um den Check-in und die Anreise zum Flughafen, sodass die Zeitersparnis beim Fliegen unterm Strich zumindest bei Inlandsflügen gar nicht so groß ist.

Je weiter entfernt das Reiseziel liegt, umso zeitaufwendiger und organisatorisch herausfordernder wird es, ohne Flugzeug zu reisen. Eine Möglichkeit besteht darin, eine etwas längere Anreise bereits als Teil des Urlaubs und als Möglichkeit zur erholsamen Entschleunigung zu betrachten. Wer seltener und dafür länger verreist, kann seine Flüge ebenfalls reduzieren, ohne auf den Besuch ferner Länder verzichten zu müssen.

EMISSIONEN KOMPENSIEREN

Wer das Fliegen nicht vermeiden kann oder möchte, hat die Möglichkeit, die dabei anfallenden Emissionen zu kompensieren. Beispielsweise wäre es nötig, drei Bäume zu pflanzen (siehe S. 214), um den CO_2-Ausstoß eines Hin- und Rückflugs von Berlin nach Palma de Mallorca auszugleichen.[56]

---

56 Naturefund e. V. (Hrsg.): CO2-Rechner. Online verfügbar unter https://www.naturefund.de/wissen/co2_rechner#calc-flight (abgerufen am 25.03.2021).

✈ Wohnungstausch statt Hotel

Warum in riesigen abgeschotteten Hotelanlagen mit entsprechendem Ressourcenverbrauch Urlaub machen, wenn kleine Pensionen, Gästezimmer oder eine Reise mit Couchsurfing doch ein viel interessanteres, authentisches Urlaubserlebnis ermöglichen, bei dem sich andere Menschen und Kulturen viel besser kennenlernen lassen?

Während man beim *Couchsurfing* (⊕ *couchsurfing.com*) in der Regel nur für kurze Zeit das Gästezimmer oder Wohnzimmersofa anderer Teilnehmer nutzt, wird beim Wohnungstausch (zum Beispiel über ⊕ *homeexchange.com*) das gesamte Zuhause, oft inklusive Infrastruktur wie Auto, Fahrräder & Co., zur Verfügung gestellt bzw. miteinander getauscht. Das erleichtert nicht nur die Anreise mit leichtem Gepäck, die vorhandenen Ressourcen werden auch besonders effizient genutzt.

✈ Grüne Reiseveranstalter

Wenn du deine Reise nicht allein organisieren möchtest, helfen unter anderem Anbieter weiter, die auf ökologisches Reisen spezialisiert sind. Sie liefern von der Inspiration bis zum fertigen Reisepaket für fast jeden Geschmack und Bedarf etwas Passendes.

Der Anbieter *Anderswo* (⊕ *wirsindanderswo.de*) informiert über die Möglichkeiten des nachhaltigen Reisens innerhalb Europas – inklusive der Unterkünfte, Veranstalter und Anreisemöglichkeiten.

Das *Forumandersreisen* (⊕ *forumandersreisen.de*) ist ein Verbund nachhaltiger Reiseveranstalter mit Informationen zu weltweiten Reisezielen und Unterkünften.

WORK AND TRAVEL

Eine weitere nachhaltige Alternative zur klassischen Art des Reisens bietet das sogenannte *Work and Travel*. Dabei werden Kost und Logis gegen Mithilfe im örtlichen Familienbetrieb, auf der Farm etc. getauscht.
⊕ *smarticular.net/ urlaub-gegen-hand*

⟨ Minimalistisches Reisegepäck

„Ich packe meinen Koffer und nehme … möglichst wenig mit." Denn jedes Kilogramm Reisegepäck weniger spart nicht nur Energie für den Transport, sondern lässt dich auch ein bisschen unbeschwerter und freier reisen.

Wer nachhaltig reisen und dabei auch noch weniger Gepäck schleppen möchte, kann seine Kulturtasche mit universellen Hausmitteln wie Natron (siehe S. 154) und Kernseife (siehe S. 150) um viele Einzelprodukte erleichtern. Bei der Kleidung hilft ein Blick auf die Prinzipien der Capsule Wardrobe (siehe S. 182), um mit weniger Stücken über den gesamten Urlaub gut gekleidet zu sein.

⟨ Urlaub vor der Haustür

Wie gut kennst du die nähere Umgebung deines Wohnortes? Meist zieht es uns in der Urlaubszeit in ferne Länder, dabei gibt es direkt vor unserer Nase so viel zu entdecken. Zu Fuß oder mit dem Fahrrad lassen sich kleine und große Abenteuer erleben – ohne strapaziöse Anreise und lange Transportwege.

Wer gern ausgiebig unterwegs sein möchte, für den bieten sich eine mehrtägige Radtour oder eine Fernwanderung an, bei denen die Reise bereits an der Haustür beginnt. Familien kommen beispielsweise bei einem Aufenthalt auf dem Bauernhof, in einer Hütte im Wald oder am nächstgelegenen See raus aus dem Alltag.

⊕ *smarticular.net/fernwandern*

Unterwegs

ⱱ Unterwegs müllfrei trinken

Wenn uns unterwegs der Durst oder die Lust auf eine Tasse Kaffee überkommt, liegt der Griff zur PET-Flasche oder dem Wachmacher im To-go-Becher nahe. Mit einer Mehrweg-Trinkflasche und einem Coffee-to-go-Mehrwegbecher im Gepäck lässt sich der Durst aber genauso effektiv und außerdem nachhaltig und preiswert stillen. Damit der Durstlöscher und Koffein-Kick unterwegs schadstofffrei bleibt, entscheide dich bei der Anschaffung der Mehrwegbehälter am besten für Glas, Edelstahl oder ein anderes langlebiges Material ohne Plastik.

UNTERWEGS AUFFÜLLEN

Die Initiativen *ReCup* (⊕ *recup.de*) und *Refill* (⊕ *refill-deutschland.de*) engagieren sich für müllfreie Getränke unterwegs. Ein allgemeines Pfandsystem für Coffee-to-go-Becher soll mit *ReCup* die typischen Einwegbecher ersetzen. Bei *Refill* beteiligen sich immer mehr Cafés, Restaurants und Einzelhändler, die ihren Kunden erlauben, mitgebrachte Flaschen kostenlos mit Leitungswasser aufzufüllen.

🐾 Brotdose statt Einwegverpackung

Mit einer wiederverwendbaren Brotdose lassen sich ebenfalls große Mengen Einwegmaterial wie Frischhaltefolie (siehe S. 53), Alufolie (siehe S. 52) oder Butterbrotpapier einsparen. Noch umweltfreundlicher wird es, wenn du ein plastikfreies Material wählst – beispielsweise Glas oder leichten Edelstahl. Varianten mit mehreren Kammern oder flexiblen Trennstegen machen den Transport einer abwechslungsreichen Brotzeit besonders komfortabel. Ebenfalls viele Male verwendbar und ein schönes Upcycling-Projekt für alte Stoffe ist eine Lunchbag, die du zum Beispiel nach dieser Anleitung ganz einfach selber nähen kannst:

🌐 *smarticular.net/lunchbag*

🐾 Auf Einwegstrohhalme verzichten

Einwegstrohhalme werden bei Müllsammelaktionen am Strand besonders häufig gefunden. Zwar tritt im Jahr 2021 ein europaweites Verbot in Kraft, das auch weitere Einwegprodukte aus Kunststoff betrifft, doch in vielen anderen Ländern bleiben die schnelllebigen Plastikröhrchen ein Umweltproblem, das du mit einem freundlichen Hinweis oder einem einfachen „Nein, danke!" in Kneipen und Cafés leicht vermeiden kannst. Auf den stilvollen Cocktail mit Strohhalm muss man dank zahlreicher Mehrweg-Alternativen dennoch nicht verzichten. Mit einem Röhrchen aus Glas, Edelstahl oder Bambus schlürft es sich mindestens genauso schick.

🦶 Besteck to go

Wer sein eigenes Besteckset unterwegs dabeihat, ist beim Essen am Imbiss nicht mehr auf Einweggabeln, -löffel und -messer aus Plastik angewiesen. Solch ein mobiles Besteck ist ganz einfach zusammenzustellen, zum Beispiel mit einigen Stücken aus einem vorhandenen Set oder mit minimalistischem Reisebesteck aus dem Reisebedarf. Man kann sich aber auch besonders leichte Esswerkzeuge aus nachwachsendem Bambus besorgen. Trinkhalme aus Glas, Edelstahl oder ebenfalls Bambus runden die eigene mobile Ausstattung ab.

Für den Transport eignet sich eine Stoffserviette genauso wie ein eigens genähtes Etui, solange das Material waschbar ist.

⊕ *smarticular.net/besteckset*

⁂ Coffee to go im Mehrwegbecher

So schön so ein spontaner Kaffee unterwegs auch ist: Ohne Müll wäre er sicherlich noch schöner. Deshalb bietet es sich an, neben dem eigenen Besteckset auch einen eigenen Becher dabeizuhaben. Am besten eignen sich Becher aus bruchfestem Glas oder Edelstahl, während wiederverwendbare Becher aus Kunststoff oder aus Verbundstoffen unter Umständen ungesunde Bestandteile an das heiße Getränk abgeben. Wer keinen Becher dabeihat, kann sich das Heißgetränk auch bei einem der vielen Coffee-to-go-Anbieter holen, die am ReCup-System teilnehmen (siehe S. 200).

⁂ Essen to go im Mehrwegbehältnis

Ab und zu ist es schlicht einfacher, sich das Mittag- oder Abendessen von unterwegs mitzubringen. Viele Imbisse und kleine Restaurants sind darauf eingestellt, dass man sein eigenes Transportgefäß mitbringt, um Styropor-, Alu- und sonstige Verpackungen zu umgehen. Dafür bietet sich eine Tiffin-Box aus Edelstahl an, die je nach Ausführung mit mehreren Unterteilungen und Fächern ausgestattet ist. Sie ist nahezu unverwüstlich und bei sachgerechter Behandlung jahrzehntelang nutzbar, was den vergleichsweise teuren Anschaffungspreis mehr als wettmacht. Oft tut es aber auch die gute alte Tupperdose, die vielleicht ohnehin schon in Gebrauch ist.

In vielen Städten beteiligen sich auch immer mehr Restaurants an kostenlosen Mehrwegsystemen für To-go-Essen. Beispielsweise über die Plattform ⊕ *vytal.org* kann man sich registrieren und personengebunden Pfanddosen ausleihen, die den müllfreien Essenstransport ermöglichen. Gibt man die Pfandboxen nach 14 Tagen bei einem der vielen Systempartner zurück, bleibt die Ausleihe kostenlos.

Upcycling

♻ Schraubgläser weiterverwenden

Produkte in Schraubgläsern zu kaufen, hilft, Plastikverpackungen zu vermeiden. Besonders umweltfreundlich sind Pfandgläser, die möglichst lange im Kreislauf bleiben. Aber auch andere Gläser lassen sich vielseitig weiterverwenden und helfen so, das eine oder andere Wegwerfprodukt überflüssig zu machen.

So lassen sich beispielsweise Suppen oder andere vorgekochte Gerichte, die eigene Beerenernte und zahlreiche andere Lebensmittel bestens in Schraubgläsern einfrieren, wenn folgende Dinge beachtet werden, damit das Glas nicht platzt:

- die Gläser nur zu drei Vierteln füllen, damit das Gefriergut noch Platz zum Ausdehnen hat (wichtig vor allem bei flüssigen Lebensmitteln)

- warme Speisen vor dem Einfrieren auf Zimmertemperatur abkühlen lassen

- die Gläser nur aufrecht ins Gefrierfach stellen und nicht hinlegen

- lieber dickwandige, breite Gläser verwenden statt hoher, schmaler

Schraubgläser eignen sich außerdem gut, um Gewürze, Mehl oder auch Getreide trocken und mottensicher aufzubewahren. Weil sie durchsichtig sind, erübrigt sich auch die Sucherei nach dem richtigen Behälter.

Auch die Zutaten für Brot oder süßes Gebäck lassen sich als Backmischung im Glas optisch ansprechend in einem Schraubglas schichten. Mit einer Schleife und einem handgeschriebenen Rezeptzettel versehen, wird daraus ein schönes Geschenk oder Mitbringsel. Auch für andere Geschenke eignen sich dekorierte Schraubgläser als Zero-Waste-Geschenkverpackung.

⊕ *smarticular.net/einfrieren-im-glas*

⊕ *smarticular.net/glaeser-upcycling*

❦ Alte Handtücher upcyceln

Alte Frotteehandtücher verwandeln sich mit etwas Geschick im Handumdrehen in Kosmetikpads (siehe S. 68). Aus kleineren Stücken werden auch mit wenig Nähaufwand Wasch- und Spüllappen, Hüllen für Wärmekissen oder Windeleinlagen.

Wer viele Handtücher aussortiert hat, kann daraus auch einen Badvorleger aus geflochtenen Zöpfen zaubern. So wird viel Stoff auf einmal verbraucht, und das Bad ist um ein praktisches und schickes Accessoire reicher. Dazu die Handtücher der Länge nach in gleich breite Streifen schneiden, die Streifen flechten und den so entstandenen Zopf zu einer Schnecke zusammenlegen und per Hand mit wenigen Stichen vernähen. Eine ausführliche Anleitung für den Badezimmerteppich findest du hier:

⊕ *smarticular.net/badteppich-flechten*

Wenig Mühe bereitet auch ein Handtuchkleid aus einem großen Badelaken, mit dem du dir nach dem Duschen ein Handtuch überwerfen kannst, ohne dass es hinunterrutscht. Dazu brauchen lediglich die beiden oberen Ecken der langen Seite viertelkreisförmig ausgeschnitten und mit je einem 60 bis 75 Zentimeter langen Schrägband versehen zu werden, dessen Enden, zusammengenäht, zugleich die Träger bilden. Die genaue Anleitung und viele weitere Ideen für kreatives Handtuch-Upcycling sind hier zu finden:

⊕ *smarticular.net/handtuchkleid*

⊕ *smarticular.net/handtuch-upcycling*

♻ Verwaiste Socken weiternutzen

Überzählige oder löchrige Socken und Strümpfe lassen sich ebenfalls ohne großen Aufwand weiterverwenden, statt sie wegzuwerfen. Als Sockenmanschetten bieten sie beispielsweise Licht- und Bruchschutz für Glasbehälter. Schneide dazu den Fußteil ab, schlage die Schnittkante nach innen und nähe sie mit ein paar Stichen fest. Dann sind die Sockenmanschetten schon fertig und können über das Glas gezogen werden. Sie schützen lichtempfindlichen Inhalt wie selbst gemachte Pflegeprodukte oder getrocknete Pflanzenteile effektiv vor Sonneneinstrahlung. Beim Transport vieler Glasgefäße (zum Beispiel zum Picknick) klappern diese mit darübergezogener Manschette weniger, und Getränke in einfachen Trinkflaschen bleiben länger kalt oder warm, wenn die Flasche mit einer (dicken) Sockenmanschette als Isolierung überzogen wird.

In Ringe geschnitten, lassen sich verwaiste oder löchrige Socken zu Textilgarn für kreative Häkelprojekte weiterverarbeiten (die Ringe jeweils miteinander verschlingen, sodass ein Endlosfaden entsteht) oder zu einem Tawashi-Schwamm verweben. Diese und viele weitere Sockentipps gibt es hier:

⊕ *smarticular.net/tawashi*

⊕ *smarticular.net/socken-upcycling*

♻ Alte Zahnbürsten weiternutzen

Ausgediente Zahnbürsten (siehe S. 81) erfüllen problemlos noch weitere praktische Aufgaben, bevor sie endgültig im Müll landen. Um schwer zugängliche Ecken, Abflüsse, Kachelfugen und Fahrradketten zu säubern, sind sie sogar viel besser geeignet als herkömmliche Reinigungsutensilien.

⊕ *smarticular.net/zahnbuersten-upcycling*

✔ Alkoholreste verwerten

Nach einer Party oder zu anderen Gelegenheiten fallen im Haushalt schon mal hochprozentige Alkoholreste an. Statt sie wegzuschütten, lohnt es sich, sie noch vielfältig im Haushalt zu verwenden, wie folgende Beispiele zeigen.

Mückenspray aus Wodka-Resten

So lässt sich hochprozentiger Alkohol mit Wasser und ätherischen Ölen zu einem selbst gemachten Mückenspray vermischen, das Mücken und andere stechende Insekten auch ohne Chemiekeule effektiv vertreibt.

Mische dazu in einer Sprühflasche mit 100 Millilitern Fassungsvermögen vier Esslöffel Alkohol (zum Beispiel 40-prozentigen Wodka) mit fünf Tropfen Citronellaöl und drei Tropfen Eukalyptusöl. Fülle die Sprayflasche mit abgekochtem Leitungswasser auf. Jeweils kurz schütteln, bevor das Spray auf die zu schützenden Körperteile aufgesprüht wird, damit sich die Zutaten mischen.

Haarfestiger aus Bier

Abgestandenes Bier ersetzt einen herkömmlichen Schaumfestiger fürs Haar. Dazu die Haare wie gewohnt waschen oder anfeuchten. Je nach Haarlänge circa 50 bis 100 Milliliter Bier direkt auf die Haarlängen gießen und gleichmäßig im Haar verteilen. Den Haaransatz aussparen, damit die Haare später nicht zu eng am Kopf anliegen. Die Haare frisieren, fertig! Der Biergeruch verfliegt, sobald das Haar getrocknet ist.

Weinessig selber machen aus Weinresten

Aus Rot- oder Weißweinresten wird in wenigen Wochen ein aromatischer Weinessig. Dafür sind lediglich erforderlich:

1 Teil Wein (Rot- oder Weißwein, aber nicht gemischt)

1 Teil naturtrüber, nicht pasteurisierter Apfelessig (5 Prozent Säure)

1 Teil Wasser

Glasgefäß, das etwa doppelt so viel Volumen hat wie die Menge aller Flüssigkeiten

Kaffeefiltertüte

Tuch aus Naturfaser, das die Öffnung des Gefäßes reichlich bedeckt (zum Beispiel ein Stofftaschentuch oder ein Geschirrtuch)

Gummiring

So wird der Essig angesetzt:

1. Das Glasgefäß heiß ausspülen und abtrocknen.

2. Wein und Wasser in das Gefäß gießen. Den Apfelessig durch eine Filtertüte oder ein Filtertuch zum Wein-Wasser-Gemisch geben und mit einem Holzlöffel umrühren.

3. Ein Stoffstück über die Öffnung des Gefäßes legen und mit einem Gummiring fixieren.

4. Das Gefäß an einen warmen, aber nicht sonnigen Ort stellen.

Während der einsetzenden, mehrere Wochen dauernden Umwandlung von Alkohol zu Essig riecht der Gäransatz zeitweilig verdächtig nach Klebstoff oder Acetat. Das ist normal und zeigt lediglich, dass die Essiggärung in vollem Gange ist. Wenn der Acetatgeruch verschwunden ist, weißt du, dass der Essig fertig ist. Dann wird er gefiltert, damit er durch die sich bildende Essigmutter keinen dumpfen Geruch bekommt.

⊕ *smarticular.net/weinessig*

🦶 Wachsreste

Kerzenwachsreste lassen sich ebenfalls gut weiterverwenden, indem sie eingeschmolzen und für weitere Zwecke genutzt werden. Die einfachste Methode ist, die Reste zu neuen Kerzen zu verarbeiten. Dafür werden lediglich eine Gießform wie zum Beispiel ein leeres Schraubglas (siehe S. 204) sowie fertig erhältliche Dochte oder Baumwollschnur benötigt. Die Wachsreste in ein Glas füllen und im Backofen (zum Beispiel in der Restwärme nach dem Backen) schmelzen lassen. Den Docht oder Baumwollfaden in die Gießform hängen und die Form mit flüssigem Wachs auffüllen. So entstehen beispielsweise praktische Windlichter im Glas. Mit leeren Klopapierrollen funktioniert es ebenso (siehe S. 120).

Aber auch zum Wachsgießen, der umweltfreundlichen Alternative zum Bleigießen an Silvester, lassen sich solche Reste verwenden. Für bunte Kerzen sorgen Stücke alter Wachsmalstifte, mit denen sich die Gießrohlinge nach dem eigenen Geschmack einfärben lassen, wenn sie mit dem Wachs geschmolzen werden.

Besonders einfach lassen sich Kerzenreste in einem Wachsfresser aufbrauchen, der sich mit wenigen Mitteln selber bauen lässt. Nach Inbetriebnahme können immer wieder weitere Wachsreste hineingegeben werden. Wie der Wachsfresser gebaut wird, erfährst du hier:

⊕ *smarticular.net/wachsfresser*

Gemeinsam aktiv werden

⫯ Bei Clean-ups mitmachen

Wenn du dich ganz direkt gegen die Vermüllung der Umwelt engagieren möchtest, bieten sogenannte Clean-ups eine gute Möglichkeit, um Zigarettenkippen, Verpackungsmüll oder wild entsorgten Sperrmüll einzusammeln und sachgerecht zu entsorgen. Dabei kannst du entweder allein oder mit Freunden losziehen oder an einem größeren Aufräum-Event teilnehmen. Eine Anlaufstelle für viele Regionen findest du auf der Website ⊕ *cleanupnetwork.com*. Über die App *MÜLL-weg!* (⊕ *muell-weg.de*) lassen sich größere Mengen wilden Mülls den örtlichen Behörden melden, damit keine wilden Deponien entstehen.

Hast du schon mal von *Plogging* gehört? Die Idee, beim Joggen gleichzeitig herumliegenden Müll einzusammeln, stammt aus Schweden und verbreitet sich um die ganze Welt. Zwar wird das Laufen unterbrochen, um herumliegenden Unrat aufzuheben, überzeugte Plogger nutzen die Gelegenheit aber einfach für Dehnübungen oder ein paar Kniebeugen zwischendurch. Wer lieber gemeinsam als allein Sport treibt und nebenbei der Umwelt etwas Gutes tun möchte, findet in immer mehr Städten Plogging-Gruppen, denen man sich anschließen kann, oder sucht selbst nach Gleichgesinnten.

BYE-BYE, ZIGARETTENSTUMMEL

Jede eingesammelte bzw. nicht achtlos weggeworfene Zigarettenkippe ist ein kleiner, aber wichtiger Beitrag zum Wasser- und Tierschutz. Denn Filter aus Kunststoff und die darin enthaltenen Gifte können in der freien Natur großen Schaden anrichten.[57]

---

57 Samson, Oliver (20.08.2020): Warum Zigaretten so schädlich für die Umwelt sind. Online verfügbar unter https://blog.wwf.de/rauchen-umwelt-zigarettenkippen/ (abgerufen am 25.03.2021).

♥ Ökologische Initiativen unterstützen

BUND, Greenpeace, NABU, WWF sowie viele weitere öko-logische Initiativen setzen sich global für den Schutz der Umwelt ein und brauchen neben aktiven Helfern auch finanzielle Mittel, um ihre Projekte und die Öffentlichkeitsarbeit zu bewältigen. Wenn du wenig Zeit hast, dich selbst zu engagieren, oder zum Beispiel die Wiederaufforstung des Regenwalds fördern möchtest, bietet es sich an, eine Institution deines Vertrauens finanziell zu unterstützen. Das funktioniert entweder durch eine einmalige Spende oder als dauerhaftes Fördermitglied. Solche Spenden lassen sich steuerlich geltend machen.

Spendenplattformen wie ⊕ *betterplace.org* oder ⊕ *helpdi-rect.org* bieten zudem die Möglichkeit, für konkrete Projekte verschiedener Initiativen zu spenden. Sie unterstützen auch kleine lokale Vorhaben wie die Einrichtung eines Schulgartens mit gesundem Gemüse.

♥ Mit Nachbarn vernetzen und Dinge teilen

Vielleicht wohnst du in einem Mehrfamilienhaus oder in einer Straße, in der sich die Anwohner gegenseitig unterstützen und mit ausgegangenen Lebensmitteln und Haushaltsgegenständen aushelfen. Falls das nicht so ist, lohnt es sich unbedingt, darüber nachzudenken, wie sich das ändern lässt. Denn indem selten gebrauchte Gegenstände wie eine Bohrmaschine oder ein Rasenmäher gemeinsam genutzt und weitergereicht werden, lassen sich auf Dauer viele Ressourcen sparen.

Eine Möglichkeit, um die Nachbarn zusammenzubringen, besteht darin, persönlich die Initiative zu ergreifen und zum Beispiel ein Straßenfest oder eine Nachbarschaftsparty zu organisieren, bei der man sich besser kennenlernt. Darüber hinaus bieten verschiedene Online-Initiativen die Möglichkeit, Nachbarn miteinander zu vernetzen.

Die Community-Plattform ⊕ *nebenan.de* vernetzt die unmittelbare Nachbarschaft miteinander und bietet einen geschützten Rahmen, um näher zusammenzurücken, Initiativen und aktuelle Informationen zu teilen oder einfach nur nach einem guten Dienstleister in der Umgebung zu fragen.

Auch dank des Non-Profit-Vereins *Pumpipumpe* lassen sich selten genutzte Alltagsgegenstände sinnvoll teilen, indem mit kleinen Stickern am eigenen Briefkasten darauf hingewiesen wird, welche Gegenstände man selbst ausleihen kann (siehe S. 215).

An Demonstrationen teilnehmen

Auf Demonstrationen fühlen sich nicht alle gleichermaßen gut aufgehoben. Sie gehören aber zu den einfachsten Mitteln, um ein von vielen Menschen geteiltes Anliegen im wahrsten Sinne des Wortes sichtbar zu machen. Ein aktuelles Beispiel dafür, wie viel eine Menschenmenge bewirken kann, ist die Klimabewegung *Fridays for Future*, die – von Greta Thunberg initiiert – Millionen Menschen (vor allem Schüler) jeden Freitag auf die Straße bringt, um dem Wunsch nach mehr Klimaschutz Aufmerksamkeit zu verschaffen.

Onlinepetitionen starten oder unterstützen

Neben dem klassischen Gang auf die Straße bietet auch das Internet zahlreiche Möglichkeiten, sich mit anderen zusammenzutun und ökologischen Forderungen Gehör zu verschaffen. Über Plattformen wie ⊕ *openpetition.de*, ⊕ *change.org* und ⊕ *weact.campact.de* können Bürgerinitiativen und Einzelpersonen online eine Petition starten und auf diesem Weg viele Gleichgesinnte erreichen. Um eine laufende Petition zu unterstützen, bedarf es nur weniger persönlicher Angaben, die auf Wunsch nicht veröffentlicht werden.

🌱 CO₂ kompensieren

Der Gedanke, den CO_2-Ausstoß zu kompensieren, statt ihn zu reduzieren oder zu vermeiden, überzeugt nicht unbedingt auf Anhieb. Dennoch ist es eine Möglichkeit, die Folgen des eigenen Handelns abzumildern. Wer seinen ökologischen Fußabdruck verkleinern und trotzdem beispielsweise gelegentlich fliegen oder weiter Auto fahren möchte, kann das dabei ausgestoßene CO_2 leicht kompensieren, indem er eine entsprechende Summe in ein Klimaschutzprojekt investiert. Auch für Veranstaltungen und Produkte lässt sich der Treibhausgas-Ausstoß berechnen und durch klimapositive Investitionen ausgleichen.

Zu den etablierten Anbietern, die eine solche Kompensation ermöglichen und die auf diesem Weg gespendeten Beträge in entsprechende Umweltschutzmaßnahmen investieren, gehören:

- Arktik (⊕ *arktik.de*)
- atmosphair (⊕ *atmosfair.de*)
- KlimaManufaktur (⊕ *die-klimamanufaktur.de*)
- Klima Kollekte (⊕ *klima-kollekte.de*)
- myclimate (⊕ *myclimate.org/de*)
- PRIMAKLIMA (⊕ *primaklima.org*)

Tauschen und Teilen

❧ Bücherbox oder Give-Box aufstellen

Vielleicht ist dir eine Bücher- oder Give-Box im Alltag schon einmal begegnet. Man findet sie in Mehrfamilienhäusern ebenso wie im öffentlichen Raum. Manchmal handelt es sich nur um ein einfaches kleines Regal, manchmal um einen aufwendig gestalteten, vor Witterungseinflüssen geschützten Raum, in dem ausgelesene Bücher oder auch Alltagsgegenstände aller Art weitergegeben werden können.

❧ Leihen statt kaufen

Wann hast du eigentlich zuletzt deine Bohrmaschine benutzt? Viele Haushaltsgegenstände werden nur wenige Male im Jahr benötigt, den Rest der Zeit liegen sie herum. Indem diese Dinge innerhalb einer Hausgemeinschaft oder einer größeren Nachbarschaft geteilt werden, lassen sich viele Ressourcen einsparen, und das, was bereits da ist, wird effizienter genutzt. Sicherlich bedarf es etwas Übung und einer gehörigen Portion Vertrauen, um mitunter teure Verbrauchsgegenstände aus der Hand zu geben. Beim Ver- und Ausleihen zu merken, dass man ein gemeinsames Ziel verfolgt, ist aber ein schöner Nebeneffekt der Sharing-Community und wahrscheinlich ein guter Anlass, um auch sonst wieder näher zusammenzurücken.

Der Non-Profit-Verein *Pumpipumpe* (⊕ *pumpipumpe.ch*) unterstützt das Teilen selten genutzter Alltagsgegenstände. Mit Stickern auf dem Briefkasten lässt sich die Nachbarschaft ganz einfach darüber informieren, welche Dinge man besitzt und bereit ist, mit anderen zu teilen. Die Sticker mit Bohrmaschine, Leiter, Waffeleisen und vielem mehr können bei *Pumpipumpe* preiswert bestellt werden.

GIVE-BOX AUFSTELLEN

Wer selbst eine Give-Box im öffentlichen Raum ins Leben rufen möchte, steht bei der Umsetzung vor ein paar Herausforderungen. Hier findest du viele praktische Tipps für den Weg zur eigenen Give-Box oder Bücherbox: ⊕ *smarticular.net/givebox-aufstellen*

🐾 Spenden statt wegwerfen

Viele Dinge, die in Schubladen verstauben oder im Restmüll landen, lassen sich sinnvoll spenden und können so noch etwas Gutes bewirken, anstatt in der Müllverbrennung zu landen. Beispielsweise sammelt die Organisation 🌐 *sammeldrache.de* seit über einem Jahrzehnt leere Druckerpatronen und führt sie der Wiederaufbereitung zu. Der *NABU Hamburg* sorgt mit seiner *Korkkampagne* [58] dafür, dass Naturkorken als natürliches Dämmmaterial recycelt werden. Die Initiative *Collect!* (🌐 *collectkronkorken. home.blog*) sammelt Kronkorken für einen guten Zweck. Die Organisatoren von 🌐 *brillenweltweit.de* und 🌐 *handysfuerdieumwelt.de* sowie 🌐 *handysammelcenter.de* nehmen alte Brillen und Handys entgegen. Und 🌐 *terracycle.com* setzt mit Herstellern und Händlern wechselnde Recyclingprogramme auf.

---

58 NABU Hamburg (o. J.): Die KORKampagne. Korken für den Kranichschutz. Online verfügbar unter https://hamburg.nabu.de/umwelt-und-ressourcen/korkampagne/index.html (abgerufen am 25.03.2021).

🐾 Tauschen statt kaufen

Neben Secondhandläden sind Tauschbörsen eine praktische Anlaufstelle, um besonders ressourcenschonend an benötigte Gegenstände zu kommen oder ausrangierte Dinge an jemanden weiterzugeben, der sie gebrauchen kann. Die Plattform 🌐 *tauschticket.de* gehört zu den größten Tauschbörsen im deutschsprachigen Raum. Der Tausch erfolgt dort nicht direkt, sondern auf Basis der Tauschwährung *Ticket*. Die Plattform zu nutzen sowie Angebote einzustellen, ist kostenlos. Fordert man selbst einen Gegenstand an, fällt neben den durch den Anbieter verlangten Tickets eine kleine Tauschgebühr an, mit der die Seite finanziert wird. Auf ähnliche Weise funktionieren die Tauschbörsen 🌐 *tauschgnom.de* und 🌐 *tauschbillet.de*.

Für den persönlichen Tausch bieten sich Kleidertauschpartys und Umsonst-Märkte an, zu denen jeder mitbringt, was er selbst nicht mehr braucht, und im Gegenzug nützliche Dinge mit nach Hause nehmen kann. Vielleicht hast du ja selbst einmal Lust, eine Tausch-Gelegenheit für dich und deine Freunde oder Nachbarn zu organisieren!

Stichwortverzeichnis

**Wirf mich nicht weg – Das Lebensmittel-
sparbuch:** *Mehr als 333 nachhaltige Rezepte
und Ideen gegen Lebensmittelverschwendung*

Rund ein Drittel aller produzierten Lebensmittel wird weggeworfen – dadurch werden 50
Prozent mehr Anbauflächen benötigt und 50
Prozent mehr Dünger, Pestizide und Energie
verbraucht, als nötig wären! Wir alle können
etwas gegen Lebensmittelverschwendung tun
– nicht nur zu Hause, sondern entlang der gesamten Wertschöpfungskette. Wie einfach sich
das Wegwerfen verhindern und vermeintliche
Reste kreativ weiterverarbeiten lassen, zeigt
dieses Buch. Von der effizienten Einkaufspla-
nung über Lagerung, Methoden zum Haltbar-
machen und zahlreiche Ideen zur kreativen
Resteverwertung haben wir die besten smarti-
cular-Ideen in diesem Buch zusammengefasst.

ISBN: 978-3-946658-43-6
smarticular Verlag, 2020

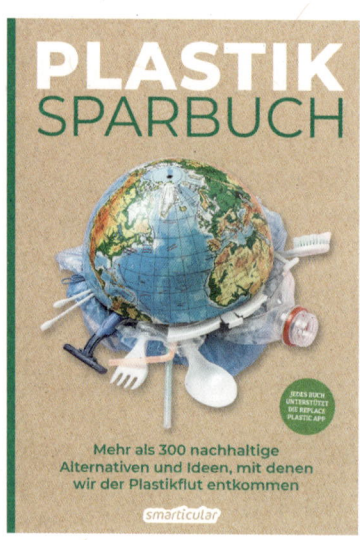

Plastiksparbuch
*Mehr als 300 nachhaltige Alternativen und Ide-
en, mit denen wir der Plastikflut entkommen*

Plastikmüll, der sich zu Millionen Tonnen in
der Umwelt anreichert, gehört zu den größten Herausforderungen unserer Zeit. Dabei
ist gesundheitsschädliches oder kurzlebi-
ges Plastik fast immer leicht vermeidbar!
Alle wichtigen Fakten rund um Plastik und
die Probleme, die es verursacht, haben wir
im Plastiksparbuch zusammengestellt.
Dazu gibt es über 300 Rezepte, Anleitungen
und Ideen, die zeigen, wie einfach Plastik-
sparen im Alltag sein kann. Mit 288 Seiten
und über 300 Abbildungen ist das Plastiksparbuch das bisher umfangreichste und
informativste aller smarticular-Bücher.

ISBN: 978-3-946658-33-7
smarticular Verlag, 2019